国家出版基金项目
NATIONAL PUBLICATION FOUNDATION

“十三五”国家重点出版物出版规划项目

新汉译世界高等教育名著丛书（第一辑）

丛书总主编　李子江　张斌贤

巴纳德论教育

［美］弗里德里克·奥古斯都·波特·巴纳德（Frederick Augustus Porter Barnard）著

于书娟 译　刘幸 校

浙江教育出版社·杭州

总序

20世纪90年代，浙江教育出版社出版了由王承绪先生主编的“汉译世界高等教育名著丛书”，在学术界产生了重要影响，丛书所收录的著作至今依然是高等教育学等相关学科学习和研究必备的学术文献。本世纪以来，多家出版社相继推出了多种高等教育著作译丛，例如“京师高等教育译丛”（北京师范大学出版社）、“国际高等教育译丛”（中国海洋大学出版社）、“世界高等教育研究名著译丛”（教育科学出版社）、“美国研究型大学探索译丛”（河北大学出版社）、“高等教育与全球化丛书”和“北大高等教育文库·大学之道丛书”（北京大学出版社）等。一些教育著作译丛虽然并非以高等教育为主要内容，但也包含了部分高等教育的译著，例如“影响力教育理论译丛”（华东师范大学出版社）、“非洲教育译丛”（浙江大学出版社）等。

国外高等教育著作的译介不仅满足了我国高等教育决策者、管理者以及公众了解其他国家和地区高等教育发展历史与现状的需要，而且有力促进了我国学者对高等教育的研究。只要将20世纪90年代高等教育研究状况与当下进行粗略对照，就可以清楚地看到我国20多年来高等教育研究的长足发展。这其中固然有诸多原因，但不可否认的是，广泛和充分吸收其他国家高等教育研究成果是一个非常关键的因素。同样不可否认的是，大量高等教育译著在其中发挥了不可替代的重要作用。

众所周知，中国现代高等教育机构和高等教育制度的建立是西学东渐的产物，迄今已逾百年。但是，由于种种原因，我国高等教育真正稳定发展的时间不过数十年。对于高等教育这样复杂的事业而言，几十年的经历实在是过于短暂了，而基于这些有限经验形成的认识则更具局限性。在当代社会急速变革的条件下，高等教育发展及其与社会的关系日趋复杂，如何合理认识高等教育的内在本质与职能，如何科学把握高等教育发展的方向，如何妥善处理高等教育内外部各种关系，更需要非同寻常的智慧、远见和胆识。而要拥有这一切，学习借鉴其他国家的实践经验，尤其是主导这些实践的思想观念，是必不可少的重要环节。

从更大的方面说，高等教育机构自建立之日起，就与文化传播、交流结下了“不解之缘”。不同文化教育之间的交流、相互影响始终是推动高等教育发展的重要动力。古希腊的学园对古代东方高等教育机构的借鉴，古罗马对希腊文明的吸纳，文艺复兴后欧洲各国在学术研究等方面的相互影响，尤其是近代以来，文化、学术、教育的交流在促进不同国家高等教育改革发展中的作用日益广泛、显著和重要。在一定意义上，一段高等教育的历史，同时也是不同文化、学术交流不断开展、推进和深化的历史。作为文化教育交流的重要途径，译著始终是这段历史的重要组成部分。

为适应我国高等教育改革发展的新形势，进一步丰富我国的高等教育研究，浙江教育出版社决定在已有基础上继续推进国外高等教育名著的译介，出版“新汉译世界高等教育名著丛书”。

丛书将按专题分辑出版。

丛书第一辑收录美国十二位著名大学校长的主要教育著作。他们是：哈佛大学校长埃利奥特（1869—1909年，任职期间，下同）和洛厄尔（1909—1933）、耶鲁大学校长波特（1871—1886）、密歇根大学校长塔潘（1852—1863）、约翰斯·霍普金斯大学校长吉尔曼（1875—1902）、哥伦比亚大学校长巴纳德（1864—1889）和巴特勒（1902—1945）、布朗大学校长威兰德（1826—1855）、芝加哥大学校长哈珀（1891—1906）、斯坦福大学校长乔丹（1891—1913）、克拉克大学校长霍尔（1888—1920）、纽约大学校长布朗（1911—1932，1906—1911年曾任美国联邦教育署署长）。

19世纪后期至20世纪前期是美国高等教育发展的关键时期。在这个时期，美国高等教育实现了从传统学院向现代大学的转变，完成了以学术职业化为核心的“学术革命”，建立了较为完整的高等教育制度，从而开创了“美国教育史的新纪元”。[①]

在这个前所未有的重大变革过程中，一个非常独特的现象是，在一个不太长的时期内集中出现了一批著名的大学校长。他们之所以著名，并非仅仅因为他们任职于著名的大学（事实上，在那个时期，至少与欧洲的古老大学相比，美国大学大多并不“著名”），而在于他们高瞻远瞩、审时度势，在于他们富有管理智慧和教育素养，更为重要的是在于他们有着高尚的人格、坚定的信念和远大的志向。正是在这些校长的努力下，哈佛大学等原本较为知名的大学“旧邦新命”，焕然一新；一些原本不知名的大学从平庸走向卓越，成为世界著名学府，美国由此开始成为世

① 劳伦斯·维塞. 美国现代大学的崛起[M]. 栾鸾，译. 北京：北京大学出版社，2011：1.

界高等教育强国。罗杰·盖格称这些校长为“巨人校长”，他们开创了美国高等教育史上独一无二的“巨人校长时代”。[①]

迄今为止，除克拉克·科尔、德雷克·博克等少数几位美国著名大学校长的著作之外，国内尚未有对美国大学校长著作的系统译介。“新汉译世界高等教育名著丛书”第一辑收录的这十二位校长的著作集中反映了他们关于高等教育的理解，以及他们的办学理念和管理经验。他们的思想和实践业已成为世界高等教育宝贵的精神财富。系统译介这些著名大学校长的教育著作，呈现优秀大学领导者的理念和实践，有助于了解这些校长的教育思想和治校方略，探讨高等教育发展的内在机制与社会保障机制，为我国高等教育的发展提供经验借鉴。我们相信，本丛书的出版将进一步深化我们对高等教育的认识，帮助我们不断学习借鉴世界一流大学的创建、改革实践经验，为推进我国建设世界一流大学的战略提供历史经验和启示。

在丛书第一辑即将付梓之际，我们由衷地感谢浙江教育出版社的大力支持。正是他们的远见卓识和专注于学术著作出版事业的坚定信念，才会有越来越多的学术经典问世。在现行科研评价体制下，学术著作的翻译得不到应有重视，从事翻译主要是出于译者对学术事业的热爱和追求，我们对参与丛书翻译、校对工作的各位同仁表示崇高的敬意。

李子江　张斌贤

2019年12月

① 约翰·塞林. 美国高等教育史（第二版）[M]. 孙益，等，译. 北京：北京大学出版社，2014：120.

译者前言

弗里德里克·巴纳德（F. A. P. Barnard，1809—1889），19世纪美国著名教育家。巴纳德出生于马萨诸塞州的谢菲尔德，1828年毕业于耶鲁学院（今耶鲁大学），随后留校任助教。后因为遗传疾病丧失了听力，到康涅狄格州哈特福德美国聋哑人收养院、纽约聋哑学院任教。1837年，他又来到美国南部的亚拉巴马大学任教，先后教授数学、自然哲学、化学、自然发展史和英国文学等课程。1854年，他被任命为主教派教会（Protestant Episcopal Church）牧师。这一年，因为学生骚乱，亚拉巴马大学一度被关闭，巴纳德被密西西比大学聘为数学系与自然哲学系的教授。1856年，他担任密西西比大学校长。美国内战爆发后，他因为同情北方而辞职回到华盛顿。在此期间，他主持指导了美国海岸勘测部的测绘制表工作。1864年，巴纳德受聘成为哥伦比亚学院（今哥伦比亚大学）第十任校长，直至逝世。他比之前任何一任哥伦比亚学院校长的任职时间都长，在他的带领下，哥伦比亚

学院取得了长足的发展。他在该校建立了新的自然科学系科，大力推行选修制，并且开创了美国大学招收女生的先河，也扩大了学校的办学规模。

巴纳德本人是一个博学的学者，他在数学、物理学、化学等多个学科都有很深的造诣。他是美国科学院院士，美国哲学学会会员。同时，他也是一个虔诚的基督教徒。他对教育满怀热情，擅长演讲，常常就当时的教育事务发表自己的观点。据统计，他一生共写过60多本数学、文学、自然科学和教育学书籍。特别是他每年向哥伦比亚学院董事会提交的报告，对当时美国高等教育存在的问题进行了很多可贵的探讨。他还把自己的遗产全部都捐给了哥伦比亚大学，他的著作和书信大都被收藏在美国国会图书馆和哥伦比亚大学图书馆中。

本书主要由四个部分构成，分别选取了巴纳德自19世纪50年代到80年代的一些代表性言论，其中既有书信，又有演说词，主要围绕美国学院的管理制度、州的教育责任、宗教与科学教育以及女子高等教育等问题展开，从中既可以看到这一时期美国高等教育发展中面临的各种矛盾及其发展趋势，也可以看出他自己对美国教育问题的思考轨迹，有助于我们更好地理解19世纪美国教育的发展历程。

本书的第一部分，选取了巴纳德在1855年出版的一部书信集。这部集子中，收录了他写给亚拉巴马州一家地方报社的12封书信，这些书信，是他基于1854年亚拉巴马大学发生的骚乱事件，而对美国学院的管理存在的问题及其解决方案进行系统思考的结晶。在这部集子中，他谈到了当时美国学院的两种学生管理制度与模式，并由此探讨了大学管理者在管理时面临的特殊困难。在他看来，美国的学院一味地沿袭与模仿欧洲的学生管理与宿舍管理制度，是不恰当的。寄宿制并不是适合美国学院的管理制度。他敏锐地意识到了城镇作为知识中心的优势，呼吁美国的大学和学院摒弃欧洲中世纪修道院式的选址原则，放弃寄宿制，以顺应美国正在兴起的城镇化进程。在这部集子中，他也特别谈到了在学院管理中，法律与道德手段的运用，以及成功的学业管理对于管理者的人格特质的要求。

本书的第二部分，是巴纳德出任哥伦比亚学院第十任校长时的就职典礼流程介绍以及他和其他一些人员的演说。在这部分内容里，我们不仅能够看到美国大学校长遴选与就职典礼的程序与盛况，更可以通过巴纳德的就职演说，感受到他对美国高等教育发展趋势的判断以及为哥伦比亚学院规划的发展蓝图。特别是他对科学与宗教关系的阐述，非常鲜明地呈现了19世纪美国知识分子阶层和大学管理者对于科学的认识与接纳。正是在这次就职演说中，巴纳德既明确地表达了他对基督教的虔诚，同时也展现了在哥伦比亚学院发展自然科学的设想与决心。美国的大多数学院是殖民地时期由基督教新教会创办的，因此学院不可避免地受到基督教文化的影响。19世纪下半叶，虽然宗教对学院的影响逐渐开始减弱，出现世俗化倾向，但基督教文化仍是美国学院的重要特征。为了保持原书体系的完整性，同时也为了客观反映这个时期美国高等教育的历史，本书保留了原书中有关学院宗教性的部分内容。

本书的第三部分，选取了巴纳德在纽约州立大学首届校务委员会会议上的演讲。在这篇演讲中，他重点阐述了教育与州之间的关系，特别是州对于教育的责任问题。在他看来，无论对于州的繁荣还是个人的幸福而言，教育无疑都是非常重要的。但当时的人们对于州是否应该介入教育事务，特别是是否应该为人民提供义务教育这一问题，还存在着巨大的分歧。实际上，围绕这一问题的争论，不仅伴随着美国公立学校的运动，也伴随着美国公立大学的建立。在巴纳德看来，州当然应该为人民提供必要的教育，但这种教育是有限度的。而这种限度，不在于是提供初等教育还是高等教育，而应该更多地考虑学校教育的内容：应教学生一些实用的科学知识与艺术知识，而不仅仅是枯燥抽象的文法知识。同时，巴纳德提出，学校教育的重点不在于教什么，更重要的是如何教。这就凸显了教师的重要性。在他看来，美国公立学校的教师数量严重不足，极大地制约了美国教育的发展。而造成教师数量不足的原因是教师待遇太低、学校对人才缺乏吸引力，为此，他要求实施教师终身制，在提高教师待遇的同时，提高对教师的要求与准入门槛。而这就要求美国加强它的中等教育和高等教育建设。在这篇演讲中，巴纳德列举了大量的数据，说明美国学院数量的盲目扩张，已经造成了教育资源的浪费与教育质量的低下。因此，他建议纽约州政府重新建立一套教育体系，加强对学院的监管，收回学院颁发学位的自主权，以提高大学学位的社会认可度。

在本书的最后一部分，巴纳德详细阐述了大学应该向女性开放的主张。他批驳了女性在智力上天然弱于男性这一论调，认为男女都应该享有接受高等教育的权利。他也主张男女一起接受教育并不会带来所谓的“社交风险”，学院应该也向女性开放。但是，他又特别反对当时流行的“男女同校教育（coeducation）”这一说法，在他看来，这个词很容易误导人们把“男女学生同时在一个教育机构中接受教育”作为努力的目标，而没有意识到它应该是女性有权接受高等教育的一个自然结果。大家应该努力争取的是女性接受高等教育的权利，而不是与男性一起接受教育的权利。

正是在这一理念的支持下，巴纳德率先在哥伦比亚学院招收女生，为美国女子高等教育的发展做出了重要的贡献。

作为一位富有管理智慧和实践经验的教育家，巴纳德对当时美国教育发展中的诸多问题都有着自己的思考；作为19世纪美国高等教育发展的参与者和见证人，他的论著为我们认识这一时期的美国教育提供了鲜活的资料。

于书娟

2019年12月

CONTENTS

目录

一　论学院的管理

（一）导论

本书所收录的信件得以结集出版，乃是受到了很多值得尊重的人的鼓励。这或许有助于解释为什么这些信件所谈到的话题并没有特别清晰的主线。这些信件最初都刊登在一份日报的专栏里，它们只是针对这个特定渠道的一时之作。在将它们重新结集出版时，原本作者是可以对其进行重新编排的，如此一来，无论其具体内容是什么，其中一些普遍的问题或许能得到更好的凸显。与此同时，一些琐碎的文字可以删去，一些重复的部分可以避免，所有那些非普适性的部分也可以完全删掉。然而，由于还有一些其他的紧要工作尚待处理，这一做法显得不太实际，因此，原始信件只是稍作调整后就重印了。笔者乃是基于这样一种信念接受“稍作调整”的，即这种不完美虽然会些许影响他的声誉，却丝毫不会因此而玷污他所提倡的事业。

很明显，我们的学院组织本身存在着很多问题，倘若公众并没有解决这些问题的需求，那么一切变革都无从谈起。只要人们对现状感到满意，只要赠款毫无条件地捐到学院，那么，当前的大多数学院都不会采取措施去解决这些问题。因为，任何方式的变革都有经济成本，这些学院的管理者和负责人，并没有足够的动力去解决这些问题。

真正的难题在于，这些问题与现存的学院制度密不可分。如果公众能够清醒地认识到这一点，他们就不会简单地支持改革旧学院，而是会要求建立一种问题更少的新学院。如果有证据表明，公众的情绪已经出现了这种转向，那么，我们就有理由期待，即使是出于自保的本能，那些旧学院最后也会顺应公众的意愿与选择。

这种变革牵涉方方面面，每个个体都会感到自己的力量是无足轻重的。那些由众多知识分子组成的知识团体，非常清楚当前学院制度中存在的弊端；那些一直在学院中接受教育的人，也能够看到并且认识到这些弊端。但是，他们可能不会相信，这些问题现在就能得到解决。倡导改革的人是孤独的，但是，如果他能把那些知识团体的注意力吸引过来，并与他们通力合作，就可以改变留给公众的印象。

如果没有这样一个群体，如果他们的人数与影响力不够大，那么，这些信件的作者就会倾向于认为，改革现行学院制度的想法纯属虚妄。只有当他们充分意识到改革的重要性，而且能够团结起来共同行动时，改革的目标才有可能较快实现。改革的倡导者在努力表明改革的必要性，并强调下一代甚至后面的好几代人才能看到改革的好处。而事实上，只有现阶段真诚努力与付出，美好的愿望在未来才会实现。

笔者的这些信件针对的可能是当时发生的一些事。尽管笔者在写作时并没有特别明确的规划，但它们体现了笔者多年来的思考与信念。借此机会，笔者也要感谢他的偶像威兰德博士（Dr. Wayland）[①]，是他在一本重要的小册子中首次集中探讨了这个问题，由此强烈地吸引了笔者。笔者在信件里会经常提到他。

1854年12月16日于密西西比大学

① 弗朗西斯·威兰德（1796—1865），曾任美国布朗大学校长。在作者的信件里，反复提到了威兰德在1842年出版的著作《对当前美国学院制度的思考》。——译者注

（二）有关学院管理的通信

1. 第一封信：致《莫比尔报》编辑的一封信

浅析《莫比尔报》（*Mobile Register*）对亚拉巴马大学（the University of Alabama）一些现有规定与习俗的评论——兼论所谓的免责制度（*Exculpation Law*）

编辑先生：

在6月24日的《卡姆登共和报》（*Camden Republic*）上，我看到一些关于亚拉巴马大学学院管理特征的评论，这些评论引自《莫比尔报》。您的观点与那些睿智的绅士私下里的各种说法很像，我常常会听到这样的声音，这表明，美国学院制度中有一些缺陷或者顽疾，需要引起全社会的密切关注。我这样讲是因为几乎美国所有的学院采用的都是同一种制度，而大家批评这种制度时所谈到的很多特征，都来自那些更古老的学院，只是这些特征被现在的学院毫无保留地全盘接受了。您在文章中所说的“我们大学的教员追求的方案”，指的是教员巡视学生宿舍的做法，这是我们国家各个学院普遍采取的措施。换句话说，让学生们居住在学院的建筑大楼里，是各个学院通行的做法。虽然它很流行，但并不能证明它就是好的，更何况，并不是《莫比尔报》所有的读者都知道“它很流行”这一事实。因此，您的评论无疑会引发一些偏见（我确信这并不是您的本意）。

“我们的大学所采取的方案乃是让所有学生都照实坦白”，这句话并不像一位好奇的读者所推测的那样有什么特殊含义。它的确是一个“被采取的”方案，这个“法律用词”[1]是对南卡罗来纳州立法机关成文法的书面表达。即使这个方案本身不太好，这个“法律用词”也会让这个方案显得比较好。但是，它也暗示着另一种可能性，即不管一个学生对这里所实施的规章制度有多么不满，他都有理由让其他人相信，他仍然会遵守这些制度，并会在自己的宿舍里端正言行。

所有美国学院都坚持认为，凡是违反了秩序与道德的学生，都应该接受校方的处置。所有学院都有一套书面的管理规定，一套既可行又清晰的惩戒办法。当前，无论是学院学生还是行政领导，都对学院管理提出了各种各样的建议，这些建议要么植根于他们个人的经验，要么来自他们对不同制度在过去几个世纪里的实际运行情况的观察。但是，到目前为止，监事会或董事会所拟定的处理各种违规行为的学院管理制度中，总有一些条款会时不时遭到公众的诸多抱怨或严厉谴责，甚至会引起公众对整个管理团队的不满。

比如，我正在评论的这篇文章，就强烈地反对免责制度，认为它违背了习惯法（*Common Law*）中的自然正义（Natural Justice）和理性完美（the Perfection of Reason）原则，也违背了道德文化中的体谅之道（Considerate Method）。现在，我的目的并不是要为免责制度进行辩护，也不是要通过某种方式去介入其中，我不想加入这场争论。我想知道的是，假设您所说的都是事实，那么，公众对于学院管理的印象是什么呢？他们是不是真的认为，免责制度的原则，就是我们普通的诉讼制度（Ordinary Methods of Proceeding）的底线？（我现在要问的是事实，因为我

---

① 指“照实坦白”。——译者注

真的不知道答案）我这样问是因为，如果像您说的那样，免责制度的原则可以被排除在外吗？对这个问题的回答，在很大程度上会决定我们的学院管理制度令人讨厌的程度。

根据我近几年看过的公开出版物，我有理由认为，公众普遍认为我们每天、每周都在使用这个法案。但现在的事实是，我在亚拉巴马大学任职已经超过16年了，在这么长的时间里，学院动用违纪条例（*Offensive Law*）的情况只有三次。在实际使用中频率如此之低，就表明在最初设计时，人们只是把它作为一个针对极端情况的措施。只有当所有管理措施都失去了作用，事情完全处于无政府状态时，才会用到它。无论何时，当大学职员不得不采用这样一种权宜之计时，他们在将其付诸实施时无不感到极度痛心，因为来自新闻界或公众的谴责者，从来都不曾信任过他们。他们要对学院的秩序负责，尽管他们不是那些制度的制定者，却有责任执行它们。这个问题可以简化成下面的问题：是让法律赢得胜利，还是让“暴政”赢得胜利？后者无疑会彻底终结学院的运行，不管他们是否喜欢，也不管他们周围的公众是否赞同，他们必须利用这个唯一手段，去维护法律至高无上的地位。很多年后，情况可能依然会是这样：无论是在我们的通信中，还是在绅士们的谈话中，类似这样的评论还会经常出现。这可能会让公众认为，学院动用违纪条例的情况非常普遍，甚至他们可能会认为，学院教员们每天吃完早餐后的第一件事，就是对二三十个学生进行预先审查，让他们坦白从宽。

我认为，当秩序被打破时，违规者无疑知道真相，见证者也很可能知道真相，但强制他们揭露真相，并不能维护公共秩序。据我所知，要做到这一点，只有两种有效的方式：第一种，用习惯法进行制裁，借助理性完美原则迫使证人说出真相；第二种，要求无辜者自证清白。采取前一种方案的，主要是北方那些古老的学院，可能也包括那些新学院。而后者主要是南方的方案，南卡罗来纳大学采取的就是后一种方案。很明显，引入后一种方案，是要打消敏感的年轻人的一些顾虑。然而，无论何种方案，被付诸实施后，调查违规者的管理行为就都结束了。并没有证据表明，人们更容易接受新的替代方案，北方方案和南方方案都受到了公共舆论的谴责。与此同时，每所学院的成文法中都为其中的某一个方案留有一席之地，这是非常有必要的。尽管这两个方案在全国范围内都不受欢迎，尽管学院也不愿意将它们付诸实施，但在迫不得已的情况下，学院还是会那样做。

如果公众或新闻界的朋友们能把他们的注意力转移到真正的难题上，用他们的建议帮助我们摆脱当前的窘境，我们会满怀感激。只要能够从这些建议中发现一些可以避免这种罪恶的建议，我们都会敦促董事会考虑、接受这些建议。从人们经常谈论我们的方式来判断，公众似乎认为我们喜欢免责制度，似乎再也没有比把学院的裁决付诸实施更让我们高兴的事了。我这样讲一点儿都不夸张。我几乎是原封不动地重复了我曾经听到的说法。这种说法合理吗？不仅如此，公众甚至认为我们的其他教职员工也有类似的施虐倾向（sanguinary tastes）。通常，学院的教职员工都是精挑细选出来的，他们比普通人更能胜任他们的职位，他们努力工作，是为了让年轻人变得更好。但对年轻人的同情，以及对如何增添学生福利的判断上，他们整体上远远落后于社区中的其他人，这种设想合理吗？他们更愿意选择那些容易激怒公众情绪的措施，因此公众才会要求限制他们的专制行为，对他们进行公共审查，这种设想合理吗？

如果我们同意把免责制度从学院的规章制度中删除，那么，我们应该采取什么新的方案？对此，并没有人给我们提供任何建议。现在，公众所憎恨的这个恶魔，并不是我们制造出来的，我们也不知道该如何消除它，但我们却要因此承受公众的憎恨。过去，我们采用的是习惯法的原则，即要求每位证人说出事实以证明他人的过错，否则他本人也要受到惩罚。编辑先生，即便是“理性完美”原则会让您成为众矢之的，恐怕您也不会想要我们走回习惯法的老路吧？尽管我们的意见并不完全一致，但我认为您会认可这一点的。我想知道的是，当我们的公众谴责免责制度时，他们有没有把它与它所取代的那些旧法规放到一起去考虑？对此，我要提供两个例子。

下面一段话节选自耶鲁学院的制度：

“无论何时，任何一个教员都可以要求某个学生，交代他所了解的关于任何违反秩序或者学院制度的违规者的信息，如果他拒绝交代，他就可能会被遣送回家甚至被开除。任何学生都不会因为他在涉及违反学院制度事件中可能提供的证词而受到质询，以防任何学生试图通过质询他的同伴以查清对方是否参与做证，而且他人不能因为证人做了证而去鄙视他。鄙视做证同学的学生会被视同违规，而且可能会根据违规的严重程度，受到教员的训斥，直至开除。”

这曾经是所有美国学院的制度，现在依然是纽黑文市（New Haven）的制度，学生们反对它，是因为他们认为做证检举自己的同学是可耻的。后来设计的替代方案就是为了避免学生的这种担忧。亚拉巴马大学的制度是这样规定的：

“通常，对于只是违反学院纪律的轻微过错，学生们没有义务做出对另一个学生不利的证词。但是，当几个人明确地知道他们当中有违纪的人，或是知道他们当中有一些同样会受到惩罚的无辜者时，他们往往愿意顺带回忆一下实际情况，每个人都可以为自己辩解。如果他们为自己的过错真诚地忏悔，并得到了宽恕，教员们就不必再采取这种权宜之计了。因此，当允许学生申辩自己是无辜者的时候，学生也可以放弃自我辩护，这时他可能只认为自己犯了个小错，并已因此而承担了所有的后果。如果一个学生否认自己有过错，这就将成为他无过错的表面证据。但是，如果随后有充分的证据证明他的确有过错，就可以认为他不应该继续留在大学里了。”

这里，在取消了对某个同学做不利证词的强制要求后，一种新的顾虑又出现了，这种顾虑具有一些新特性。到目前为止，“好学生应该保护坏学生，并且容忍坏学生带来的损失”，这种不成文的规定在本科生的管理规定中根本就不存在。一些大的恶行出现后，整个学院并不会成为同谋者，也不会通过一些有组织的共同行动，去干扰法律上的侦查手段。

学院中比较主流的观点是：学院制度有自己的边界，应该找到并处置违法者；制度应该维护好的秩序与道德。但是，让一个学生去告发他的同学，这种做法是有问题的。我之所以说这是一种主流的观点，是因为我知道这一点，同时也是因为我自己曾经在盛行旧规章制度的学院里接受过教育。

学院中有一些学生经常惹是生非，严重影响了学院的正常运转，但我们的公众认为，他们有权利强迫那些道德高尚的年轻人与他们联合起来抵制一切质询，以此来保护那些扰乱秩序的少数学生。这一事实充分体现了公众对我们学院的情绪。不管年轻人的顾虑是不是出于友情，不管他们的出发点如何，我想继续去探讨这个问题。一旦类似的事情超出了一定的界限，公众往往会呼吁有必要采取一些措施，对此，我有足够的根据。而到目前为止，学院董事会的所有智慧，就是采取我已经谈到的这两种处理方式。即：用“完美理性”进行制裁，或是让每位学生都拥有自我辩解的权利。

尽管我们的学院最近遇到了一些麻烦事，这封信也是由您对那些麻烦事的评论引发的，但我在这里并没有谈到那些麻烦事，而且那些事也与免责制度无关。但我在这封信的结尾还想强调一下这一点，以免大家从这封信的写作时间得出错误的推论。

的确，我们要求那些受到审查的学生必须做出一些免责声明，以此作为复校的条件。这只是一时的权宜之计，不管您对此如何理解和评论，我都没有意见。但可以肯定的是，不按照要求做出免责声明，也无益于其他同学，更无法保护其他同学。当他们拒绝做出免责声明时，就与学院毫无关系了。

通常，人们会谴责这条规定，并且谴责因为它而造成的恶果，但是，现在我们并没有看到它有什么罪恶之处，也没有必要因为它的存在而感到遗憾。我希望您发表这些评论的唯一目的，是让整个社会中那些善于思考的人都来关注它，因为它涉及的是整个学院管理这个大难题。问题就在于，在突发事件中，人们要么采用民事法庭所使用的调查手段，要么采用那些更温和、攻击性更弱的手段（这些手段一度被非常肯定），但教员们显然更愿意使用前一种手段，如果取消了教员们的这项权力，我们该如何维护制度的至高无上的地位呢？

这封信探讨的主要话题，只是有关学院组织与管理中的若干话题中的一个，我一直希望能够就这些话题跟我的同行们谈谈我的观察。承蒙您的允许，现在我已经着手于此了，我将努力就其中的一两个话题分析得更深入些，希望我以后不会再如此大篇幅地占用您的版面了。

1854年7月1日于亚拉巴马大学

2. 第二封信：论免责制度失败的原因

对于一个学生来说，在证词中隐含着对另一个学生的举报，在很大程度上被认为是可耻的。

在上一封信中我说了要在闲暇之余进一步考察美国学院管理中存在的一些特殊困难，这些困难如此之大，充分表明这个制度本身有着内在的缺陷。接下来我就来兑现我的承诺。

毫无疑问，这些困难中最大的一个就是我在上一封信中主要讨论的问题，即，维系和平的方法，或者是寻找始作俑者的手段。当所有的常规措施都变得无效时，就有必要通过强制措施对犯错者进行惩处。对此，我接着来谈谈我的观点。

我认为，“管理”这一概念本身就隐含着一种权力，当我们需要维护秩序、维护制度的地位时，我们就可以用某种方式迫使人们说出真相。到目前为止，人们采取的方式主要有两种：第一种与民事法庭所采用的措施一样；第二种就是所谓的免责制度，也是亚拉巴马大学和其他一些南方学院所采取的方式。

我已经说过，之所以设计出第二种方式，是为了消除人们对第一种方式的谴责。但结果显然与这个初衷背道而驰，在公开的谈话和出版物中，它受到谴责的频率非常高，这一点非常明显，比如，您在《莫比尔报》上所表达的观点就是一个很好的例子，正是这个观点让我有机会写了上一封信。但是，由于我质疑的是您批判这个制度的理由，您可能无法理解我为什么会对这个制度感到满意。当然，我从来都不相信，仅仅是为了应付公众的不满而出台的制度会是一个好制度。判断制度的好坏，不能以它所规定的惩罚程度高低为根据，也不能以所有善良之人对它的支持或赞成为根据。如果施行制度后无法达到预期的目的，那一定是因为道德力量中最根本的要素出了问题。不管制度本身是好是坏，即使它本质上是好的，如果施行该制度的机构认为它是压制性的或是错误的，那就足以使它变成坏的。用掌声为那些抵制施行制度的人加冕，把受害人推崇为献身于伟大事业的烈士，这种行为足以破坏一切制度的根基。

或许有人会说，如果公众一致地谴责某个制度，那么，这个制度在本质上就不会是什么好制度。表面上看，这个论断无疑是合理的，但它并非定论。国会通过的逮捕与押解逃亡奴隶的法律无疑是一部好法律①；然而，这项法律所针对的所有州，在观念上都一致认为它是错误的。即使是支持它的那些人，政客、编辑、牧师甚至是法庭上的法官，也都认为它是错误的。他们之所以公开支持它，不是因为他们赞成它的各项条款，而只是因为它是法律。很明显，公共舆论并不一定总是正确的，不管它们是如何形成的，也不管它们有多么一致。“群众的眼睛是雪亮的”这句俗谚，在很大程度上也是错误的。

我想，免责制度并不会因为人们不喜欢它就不再是制度了。但我得承认，公共舆论这个特别法庭无疑会让它变得非法，以至于如果有学院教员运用了它，就会立即被提审和控诉，似乎这些教员自己才是真正的违法者。因此，我已经说过，它的失败，是败在道德力量的最根本的要素上；它之所以失败，是因为公众，连同所有本科生群体，都联合起来反对它；是因为每一个鄙视它的人，得到的都是掌声而非责难。

放弃最公正的习惯法原则，尝试在学院中采取调查的手段去取代它，我们这样做得到了什么呢？我想我们什么都没有得到。

① 作者原文如此，观点具有时代局限性。——译者注

但即便承认了这一点，我想这个替代方案在道德上也没有什么问题。不过，我们是把它作为权宜之计，还是把它作为一个政策问题来看待？两种情况是截然不同的。根据尊重历史的原则与刑法学的实践，我必须承认，这一革新的首创者犯了一个很大的错误。有些年轻人和老年人认为，拒绝在任何特别法庭做证，是非常高贵、令人尊敬、宽宏大量的行为，因为做证会让他们的同伴或朋友面临不利的局面。但在我看来，法庭捍卫提供证词的权利并不是号召大家揭同伴和朋友老底。如果真的招致了这种结果，就开放、真诚、直接的外显陈述而言，我并不觉得从证人那里间接得到真相是不高贵、不令人尊敬、不宽宏大量的。传统的法律及其替代方案，都是要通过证词的力量把违法行为更准确地锁定在违法者身上。有时候，做证的责任只局限于少数几个人，而有时候，它可能会涉及很多人。但是，总不能因为某个个体卑鄙无耻或者犯的错误，而让整个团体都遭到玷污吧？名誉上的污点并不会因为玷污它的人数的增加而被稀释。为了确保良好的秩序，受管理团队中的每个个体就应该拥有做证的权利，而管理当局要确保人们遵守制度、秩序井然，就有必要让每一位被管理者都来做证。

要求学生做证是学院管理当局进行管理的最有效的手段，甚至是唯一的手段，一旦学院管理当局承认做证这种行为是卑鄙的或是错误的，他们就会失去这个手段。不管怎样，在任何情况下，学生们都不能为了自己的声誉而去做证证明自己的同学违反了学院的纪律，这是个明显有害且错误的原则。因此，不管公共舆论在多大程度上支持“不做证”这一原则，学院的管理者都应该坚决反对它，并且采取他们能够采取的一切措施去努力纠正它。因为这个原则否认了他们拥有的管理学院的权力，而这项权力对于学院管理来说又是至关重要的。如果他们承认了这项原则，或者公开表示了对这项原则的认可，那无疑是在自寻死路。

我真正想表达的观点是，学院的管理权力在多大程度上受公共舆论的影响，实际上取决于学院自己。也就是说，在学院放弃强迫证人就任何违规行为履行告知义务的权力之前，公众对于做证这一行为的谴责，并没有如此普遍、如此一致，也没有如此有力。为什么呢？因为在民事法庭上，做证并不可耻。换句话说，年轻人认为，把真相告诉他们的院长是可耻的，但是，当民事权利偶尔介入司法实践中，当这些司法实践超出了学院教员的掌控范围时，同样是这些年轻人，他们在陪审团面前做证时并没有半点犹豫，而且没有人会认为他们的行为有何不妥。因为他除了做证别无选择，否则，民事法庭可能会判处他一个“证人拒不服从”之罪。强制做证真的是错误或是可耻的吗？在法庭质询中，强制做证是否合理并不取决于法庭是否诉诸监禁之类的刑讯手段，而取决于强制做证本身是否正当。学院管理也是如此。

事实上，通常的情况是，如果失去了最初的推理基础，这个流行的信念就不会传播得这样广泛，更不会这样深入人心。而不管这一信念显得多么极端，它的基础可能并不合理。

值得深究的是，没有哪个学生会因为做证证明另一个学生有罪而感到光荣，人们在首次提出这种说法时是怎么考虑的呢？首先，学生们来自同一个班级，或者同一个学院，他们因此而相互联系，他们不只是学院共同管理的对象，在一定程度上，他们也是来自同一个大家庭的成员。在这个大家庭中，人们无疑需要相互信任，因此，守护彼此的义务是神圣不可侵犯的，这种承诺先验并且独立地存在着，个体并不能选择承认它或否认它。其次，在成为问询对象后，没有人会为那些违反学院规定的人做证，他们或多或少都不愿意把自己牵扯进去。这种情况即使不很普遍，也是比较常见的。相反，如果做证会让另一个人受到审查，而人们又不愿意通过背叛朋友为自己赢得豁免权，强迫做证就会违背他们的意愿。如果他们因此而特别鄙视做证行为，我想，这种情况并不值得被特别关注。

不过，通常人们认为，学生群体中两个成员之间隐含的信任关系，并没有也不会有家庭关系所具有的那种确定性。我们可以想象，只要公共利益需要，这种关系在民事权利中并非是不可侵犯的。在一个学院中，学生之间无疑有着非常密切的联系，每个学生的私人行为都无法躲开他的同伴的目光。学生间并不存在家庭成员间的那种完全的信任。在这种情况下，人们没有理由去支持那种信任不可侵犯的主张。相反，在一个散漫而又冲动的年轻人群体中，人们并不希望也不愿意看到这种信任关系，反而会希望将某种相互猜疑的情绪渗透进去。我想，无论是在教员中还是在学生中，这种想法都很普遍，对此我会继续展开讨论。不过，私下主动报告对另一个学生不利的消息，这是非常可耻的，也是管理当局应当谴责、学生们应该反对的。

在很多学院“骚乱”的案例中，群体中的大部分人与违规者并不熟悉，根本就谈不上那种所谓本质上不可侵犯的、必要的信任。恰恰相反，通常的情况是，那些扰乱秩序的行为引起了那些遵守学院秩序的学生的注意，是因为这种行为引起了这些学生的强烈不满，这些学生因此才会去做证以证明违规者的无视纪律。人们可能并没有意识到自己在扰乱秩序，或者很多认识违规者的人，不论违规者的违规行为有多严重（通常都非常严重），都会坚持把自己与违规者等同起来，这种想法是非常荒唐的。学生只会因为自己的不良行为受到惩罚，而不会因为做证而受到惩罚，特别是如果他们的证词只是为了让权威当局去平息骚乱，捍卫他们享有的权利，安宁地追求自己的学业时，他们更不会因为只是做证就受到惩罚。

说到这儿，几乎就不需要再说下去了。在我看来，如果一个学院准备把一项制度付诸实施，那么在它的规章中就不会有免责制度。要求一个教员维护秩序，主持正义，却不赋予他们对每个案子进行彻底调查的权利，这是非常愚蠢的安排，因为在这些案子中，无视纪律可能会危及管理的目的。因此，在我看来，应该让做证成为每个学生的义务，不过，这种义务面向的应该是整个管理团队，而不是某个行政领导。不管涉及谁，当一个学生接受询问时，他就应该说出他亲眼看到的违规行为或是他亲身了解到的一些信息。如果学生在接受询问时拒绝回答，那就只能开除他，这是学院教职员工现在被迫施加在无辜者身上的惩罚，因为按照免责制度，如果学生拒绝声明自己是无辜的，那么他们就会被开除。

无论如何，对于我在这里所提出的说法是否会流行开来，我并不确定。我更愿意相信会出现相反的情况。在我最朴素的信念中，既然学院已经做了这么多工作去反对关于这个话题的公共舆论都未成功，那么，我也就不会希望我的同胞们能够马上认同这些最朴素的常识告诉我的内容，我也不会要求他们马上赞同我的主张。我只是请求那些善于思考的人，在他们的头脑中好好思考一下这个问题，并且除非经过深思熟虑，否则不要轻易下结论。很明显，困难无处不在。让我感到欣慰的是，人们并没有回避问题，而是尝试着努力去解决它。在这种情况下，和在其他大多数情况下一样，风险还是很大的，我想，最稳妥的办法就是抓住关键问题。

在这封信的结尾，我还想再强调一点，我所谈到的这些调查方式，不管是老学院的方法还是现在新学院的替代方案，受到的谴责都很多，但真正使用的次数其实很少。虽然人们很少考虑到它们的很多好处，以及一些很难被预料的困难，但对于维持秩序和维护制度的至高无上的地位来说，它们提供了最重要的保障。关于这一点，我会在后面进一步举例说明。

1854年7月21日于亚拉巴马大学

3. 第三封信：论对免责制度道德倾向的反对

论对免责制度道德倾向的反对——强制报告制度（*Disclosure of Truth*）带来的诸多好处

到目前为止，《莫比尔报》对于亚拉巴马大学和其他南方学院所实施的免责制度的反对意见中，有一条我还没有谈到。那就是这样一个推论，即该制度所支持的实施方式，违背了道德文化中的体谅之道。虽然我已经明确地表达了我自己对这一制度的强烈不满，因为那只是一种权宜之计，是出于政策的需要而暂用的，但现在，我觉得我有责任从道德方面来为它进行辩护。

我已经论证过了，人们采用这一制度是为了替代另一种制度，因为人们认为它所替代的制度，会严重打击南部学院的年轻人敏感的荣誉观。到目前为止，年轻人和他们的朋友反对这一制度的理由，与反对它所取代的制度的理由仍然是一样的，这个理由即使不是唯一的，也是主要的，即它要求年轻人向权威当局告发任何一个违规行为的始作俑者。只不过之前的法律规定是要求他们直接去告发，而现在的法律要求则是强迫他们间接去告发。

不管这种反对的情绪是否值得被重视，也不管它是否是某种正确或错误的荣誉观的产物，都不重要。重要的是，不可否认，这种情绪本身始终存在，并且已经成为所有反对这一不幸制度的共同基础。《莫比尔报》提出了一个新的反对理由，让我们看看这个理由是否有更实质性的内容。在我看来，它似乎涉及几个完全自相矛盾的命题。

如果一个人的荣誉感非常强，在受到质询时，他就不会说出真相，以免牵涉自己的同伴；或者他会毫不犹豫地撒谎，以免牵涉自己。这样的推论合理吗？对此我感到很怀疑。而且，在特殊的情况下，真的会出现这样的现象吗？如果只是为了保护可耻的少年犯，为了让他享受因他的过失而带来的好处，就让他的整个同伴群体屈服于上面所谈到的情绪的压力，坚决保持沉默，甚至是牺牲他们自己，这几乎是无法想象的。我们更确定的是，公共舆论会谴责这样一个家伙，并且把他从这个群体中驱逐出去。因为，我们可以看到，在学院中几乎找不到这样的例子，即某个违规行为只有它的实施者本人知道；即使有可能存在这样的情况，我也不相信，教职员工会以自我辩解作为调查手段。正如我在前面的信中所引用的那样，法律用语本身禁止建立这样一种假设，只有确切地认定几个人中的某个人是违法者时，才能明确地说这样设计的目的是找出违法者。因此，学生群体总是或多或少地对违规者有所了解。为了杜绝上面设想的那种道德堕落行为，应该立即让整个学院都知道这件事。如果有这样的行为发生，学院不会容忍任何一个相关的年轻人继续留下来，他一定会毫无争议地被驱逐出去。那些稍微熟悉这些群体的人都知道这一点。让我感到非常奇怪的是，《莫比尔报》的编辑这么快就忘了他当学生时看到和学到的东西。而且，人们似乎认为，除了鼓励犯错之外，免责制度并不会有其他任何非道德的影响。恰恰相反，我刚刚指出的这些原则是非常有效的，根据这些原则，这种对犯错的鼓励会到什么程度，读者们可以自行判断。

如果不是现在还有人反对，我可能就不用在这里讨论这个问题了。我已经说过了，人们反对旧制度的理由，恰好也是他们反对现行新制度的理由，而这个新制度是旧制度的唯一替代性方案。比如，拿耶鲁学院的规章制度来说，学生必须就他所知道的情况做证，而不论证据可能会指向谁。拒绝做证会给自身招致来自教员的审查。但随意说出真相，指证同学的过错，也会让证人受到公众的谴责。在这种情况下，和前一种情况一样，从表面上看，做伪证似乎可以避免任何一方遭受不利后果。他可以做证，并因此避免来自教员的质询；但是他也可以做伪证，并借此保全他的同伴。是什么阻止他这样做呢？什么也没有，是他自己所坚持的原则的力量，是那种在学院中已经萎缩的公共舆论的力量，在这些力量面前，故意说谎的人一刻都待不下去。因此，不管学院的规章制度支持哪一种调查方式，做伪证的诱惑（如果真有这样一种诱惑）都同样存在；强有力的反作用力也同时存在，不让这种力量发挥作用就必然会损害学院的制度。

在上一封信中，我曾说过，除了这些特殊的情况，不管怎样讲，学院的规章制度毕竟还是带来了诸多好处，并且我已经承诺要进一步举例来论证我的主张。必须承认，实际上，它们很少被付诸实践，因为它们可能会暂时损害那些被迫支持它们的学院，既然如此，为什么我还说经常运用它们会带来诸多好处呢？对此，你可能无法理解。我的主张是，实际情况不应该是这样的。但是我承认，正如我前面所说的，当前，公众对这一话题的确存在着意见上的分歧，很不幸，事实就是如此。人们在评估它的好处时，根据的不是它们惩处违规行为的效果，而更多的是根据它们预防违规行为的效果。

正如今天的美国学院那样，学生们的课余时间实际上并没有被用于练习或者听讲座，而教员们了解学生们打发课余时间方式的机会极其有限，实际上只是聊胜于无。我们模仿的是牛津大学与剑桥大学的管理制度，它们是由中世纪修士式的讲座人建立的，因此，主要是按照修道院的原则建立的。很不幸的是，它们在最初设计时就有一些缺陷，我们只模仿了那些最令人讨厌的特征。在刚刚提到的大不列颠的那些学院里，每一所学院都是一个四方形的院子，有坚固的围墙，有始终守在门口的看门人，他会在固定时间用门栓把大门锁起来。在同一幢建筑空间里居住的不仅有被管理者，也包括所有管理团队的成员，从院长、教师一直到大量的后勤人员，他们的职责之一就是帮助学院当局维持秩序。此外，整个学院的人，不仅同在一个屋檐下住，还同在一张餐桌上就餐。因此，除了宗教，这种修道院家庭式的独一无二的特征，都非常突出地一直保留到了今天。

如果一个管理团队拥有上面所描述的这些优势，那么，在他们监管下的学生群体中维持良好的秩序，就不是太艰巨的任务。但对于我们而言，情况却截然不同。我们的学院是一个孤立的群体，宿舍却建立在一个开放空间中。晚上，没有哪个职员或导师与学生一同住在学院宿舍，在有些地方，甚至白天也没有职员或导师与学生们待在一起。在大多数情况下，没有院长或教授在一张公共餐桌前与学生见面。没有看门人记录或者能够记录，哪些人在学院制度规定的学习时间违背了承诺。更糟糕的是，也没有人记录哪些人在那些不受监管的黑夜里偷偷溜了出去，或者回家了，而那些对良好秩序最具破坏力、最难以管理的违规行为，几乎每一次都是在这些时间里出现的。然而，在所有这些不利的情况下，公众对于每一所美国学院教员的要求是，他们应该管理其他权威当局不负责的事务，并且应该管理得很好。学院是一个民事权力不会涉足的庇护所。它是一个其他市政功能不会冒险涉足的独立王国。它是一个封闭的社会，日本的锁国政策导致日本和周边世界的隔绝尚不及此。公众的观念会影响组成社会的个体的行为，因为这些个体来自这个社会，而学生自己最终也要回到这个社会中去，学院却不让学生受到那些限制个体行为的各种因素的影响。

就是这样一个完全不受其他各方管理的社群，却要求一个美国学院的教员去管理，并且还要管理得好。如果不赋予教员们相应的权力，又期待他们能够做到这一点，这合理吗？当真相对于维持秩序和维护威权非常必要时，最严肃的制度性惩罚却否认他们有权力迫使学生说出真相，在这种情况下，谈论用这些“武器”去“武装”他们，还有什么意义呢？我已经说过，到目前为止，人们只发现了两种采取这种强制措施的模式，没有人能够否认这一点。公众的利益在很大程度上依赖于学院的成功，他们应该总是毫不犹豫地、迅速地支持学院当局，然而，公众对这两种模式都不认可，这让我感到很遗憾。尽管如此，我仍然坚持认为，这些制度已经带来的好处是不可估量的，并且，在现在这个时代，它们还会继续带来这些好处。

制度的本质是一种强有力的限制性措施，是为了防止混乱走向极端而产生的，在学院历史上，之所以很少出现一些非常极端的情况，这些制度功不可没。尽管人们很少动用它们，但学生们不会无视这样一个事实，即无论何时，在必要的时候，人们就可能甚至是不可避免地动用它们。现在，毫无疑问，受到学院制度的惩罚反而是光荣的，一个学生会为他的违反制度的朋友喝彩，更不要说报纸几乎无一例外地把违反制度者美化成牺牲在学院烈火中的殉道士。无论如何，这并不是一种自然而然的命运。没有任何一位烈士，没有哪一个基督徒会做出如此决绝的选择。年轻人在提供公正的证词方面已经很有经验，如果取消了这些措施，我们将得到怎样的结果，我非常确定。就像老韦勒有关婚姻的主张那样："婚姻无疑是一件非常美妙的事情，但不管人们如何努力，总是收效甚微。"仅此一点，就足以让人们放弃废除学院制度的主张。

同时，学生们也会发现学院生活是惬意的。这个让他们成为其中一员的微观世界，有一种无法言说的魔力。这个微观世界为他们带来了各种各样的关系，其中有一种吸引力，一种在随后几年里都无法再感受到的热情，一种在他们年轻的情感中不会冷却的温暖，这些会帮助他们获得各种各样的友谊。按照正常的发展趋势，他们生命中的这个梦幻般的阶段，会不可避免地随着时间的推移而流逝，他们会感到深深的、切实的痛苦，就像登上了流放之船，要永远离开他们的出生地一样。我这里说的是大多数情况，当然，肯定会有例外的情况存在。我想表达的是，这种生活如此迷人，学生们绝不会自愿去结束它。

许多人，也可能是大多数人，在学院生活中努力追求的是知识，这种追求将带给他们非常深远而切实的利益。他们所享有的机会是非常宝贵的，对于那些有思想的年轻人来说，坚定的信念与公正客观的评价，能够帮助他们完善自我，抓住生活的本质。在这里，我并不想谈这些。我要说的是，正如我在上面所谈到的那样，当我们严肃地思考学生生活的特殊魅力时，也要引导他们，以避免出现一些不良行为，以及可能引发的一些事端。有很多问题，并不是简单地由执行过程中的缺陷造成的。人们可能觉得，不管多么严重的问题，都会有终结的时候，但这些问题对学生来说是灾难性的。因此，尽管我所谈到的制度不受欢迎，却产生了良好的效果。如果没有这些制度，美国的学院就失去了保障，它们每一天的平静都会被打破。

1854年7月26日于亚拉巴马大学

4. 第四封信：论学院领导面临的困难

作为管理者的学院领导面临的困难——个人的品质好坏对其成功与否至关重要；指导他们行为的若干原则。

对于当前我们国家的大部分学院的组织方式而言，良好秩序的维持需要有实质性的保障措施，对此，无须我赘言。不过，我已经不止一次地暗示过，有证据表明，这个制度本身存在着一个内在的不足或者说缺陷——人们无法消除或者指责这些证据——接下来，我会指出这个缺陷并努力提出一个补救措施。这只是我的一部分目的，而且我并不准备马上就谈这一点。我已经列举了这个缺陷存在的一部分证据。后面还会再举出一些证据。

在进一步探讨之前，请允许我提醒爱思考的公众，请你们注意学院行政领导在现行制度下所处职位面临的困难与工作的棘手之处。当他们在真诚地履行职责时，他们需要来自那些明智的、富有思想的公众的赞许与支持。对学院领导来说，当大多数人更愿意不加思考就做出判断、去谴责稳定的学院管理所需要的唯一基础（正如我已经表明的那样）时，要想得到他们最渴望的支持是徒劳的。当事态平稳地发展、惩戒制度没有启动时，那些恰好处于风口浪尖的人，受到的谴责很可能远远超过了他们本应承受的程度。作为年轻人的管理者，即使他们没有非凡的才智，人们也会认为他们出类拔萃。但是，一旦出现骚乱，一旦有必要诉诸极端措施去压制年轻人，舆论就会立即变得一边倒，谨慎、克制、智慧，并不会让这些好人免于大量恶毒的诅咒，公众会把对管理制度的厌恶转移到他们身上。

如果仍然沿用这套制度，还能做好任何一家学院的管理工作吗？会有学院能够避免亚拉巴马大学最近经历的各种情况吗？而这些情况的出现，无疑会给一所学院的蓬勃发展带来致命一击，而且需要相当长的一段时间才能恢复。我认为，只要人的本性不变，这个问题的答案一定是否定的。因此，我们的管理必须是明智的、谨慎的、仁慈的，我们需要依靠纯粹的道德力量，去达成执行制度所要确保的所有那些结果。而且，按照这种设想，这种管理还不能是暂时的，而应该是永久的，不能偶然地在一个非常杰出的领导者管理下才会出现，而应该是在任何管理者的管理之下都能出现。我们有理由怀有这种期待。但是，事实上很明显，制度并不是因为有了违法者才有强大威力。作为管理层，学院管理者实际上拥有许多可以无须依赖制度的品质，在选择他们出任现有的管理职务时，人们会认为他们有很多办法。没有深思过这个话题的人，可能会认为这是一件非常简单的事情：任何一个学院管理者，都应该立即忠实地，并且是以让人可以接受的方式，去履行他们应该承担的责任。要证明这个误解有多严重并不难。

要想成为一个合格的年轻人的管理者，仅仅做个好人是不够的。最好的人也可能是最坏的管理者。好人会根据他对责任的信念行事，一旦他们选择了他们的责任，他们的忠诚不仅会支持他们坚守自己的职责，也会迫使他们坚持自己的信念，而不去考虑可能会有什么后果。因此，一个人应该既是个好人，又是个聪明人，他的判断要非常准确，他的目的要非常纯正，他的原则也要非常纯粹，这是非常重要的。不过，仅有智慧和善良还不足以保证一个学院管理者的成功。当某个特殊情况需要紧急处理时，目的的正当性与判断的准确性，可能会带来正确的决定；但是，同样的措施由两个不同的人去执行时，所得到的结果肯定是不一样的。和家庭管理一样，在学院管理中，要确保服从，确保被管理者遵守权威当局的要求，最重要的应该是管理方式而不是提出要求本身。这一点非常重要。因此，我要更加积极地探讨的是，一个学院管理者究竟应该具备什么样的品质呢？

在讨论特殊情况之前，我们先谈谈普遍情况。这些品质应该让大家产生这样一种印象，即这个管理者的权威得到了所有人的认可，大家相信，他对年轻人只有一种个人感情，即仁慈，不管他对他们做了些什么，产生了什么影响，他只有一个动机，那就是为年轻人好。但是很不幸，通常的情况恰恰相反，学生们得到的往往是完全相反的印象，而且这种印象会永远留在他们的回忆里。我知道这一点，是因为我想到了一些缺乏这些品质的人，他们不知道把规则建立在情感的基础上有多么重要，他们原本可以赢得更好的名声。仅仅依靠最大的仁慈与善意，而不涉及其他情感，就能够让他所教导的学生满意，似乎没有哪个学院管理者能做到这一点。我想，大家可能会认为这种看法毫无道理。不过，学生是否信任管理者，实际上并不取决于学院管理者是不是学生的朋友，而是学生们是否相信他是学生的朋友。如果他能够在他所在的小团体中建立起这种有利于他的信任，那他就会拥有强大的管控力，这种力量无法依靠单纯的法律威慑来获得。

普遍而坚定的信任对于成功的管理来说非常重要，有人可能会问，既然如此，那么在不同的情况下，一个管理者要如何确保能得到这种信任呢？因为在不同的情况下，一个管理者在面对他的管理对象时，可能会训斥、审查甚至惩罚他们。为了回答这个问题，我必须指出，不同的管理者可能会采取不同的管理方式，这一点我在前面已经谈到过。学院管理者在审查和惩罚学生时，不能失去那些被惩罚者的信任，即便他们感觉并不愉快，也要让学生们相信，管理者的管理，是为了最大限度地使他们管理下的所有人获得福利，要让学生们相信，他们的出发点是非常真诚的；要让违规者始终相信，即便是在审查他的行为的时候，管理者对他本人依然是友好和仁慈的，除此之外并无其他的私人感情。我可以举个例子，来更好地说明这一点。纽黑文令人尊敬的戴博士[①]，现在依然健在，他审查了几百个年轻人的轻率之举，训斥他们的愚蠢、压制他们的热情，却依然为他们所热爱。半个世纪以来，他是美国最大的学院的领导人，他担任校长一职长达30年。在他的任期内，有超过4000名学生毕业，也有超过2000人没有完成大学学业。对于这个受人尊敬且近乎完美的学院领导人，这些学生中的绝大多数都与他有所接触，大家在谈到他时无不充满信任和热爱，到现在为止，我所遇到过的该学院的每一个校友都跟我一样，不管毕业多久，都会满怀感激地回忆起自己当年的导师和朋友，他们的心从来没有改变过。因此，这样管理是完全可行的。那么，就每个学院各自的情况而言，怎样的个人品质和行为准则能让管理者实现这一点呢？

我们继续谈谈“信任”。与爱一样，信任也是一种只靠一方无法存在的情感。如果在学院领导与学生之间不存在或者至少看

① 指耶鲁大学第五任校长杰里迈亚·戴（Jeremiah Day，1773—1867），他担任校长的时间是1817—1846年。——译者注

起来不存在这种相互的信任，学院领导是无法命令学生信任他的。在对待学生时，一定要让学生相信领导的目的是正当的，这是学院管理者的行为准则之一，没有哪个明智的管理者会违背这一准则。而只有赢得了学生的信任后，一个学院管理者才能够推进后续的工作。学生各种行为的目的应该且必须正当。如果学院管理者对此有所怀疑，他需要立刻坦诚地说出自己的怀疑，并给学生以解释的机会。他应明确提出自己的怀疑，而不是采取一些方式故意隐瞒。根据这个原则，学生对他也会同样坦诚。这就可以帮助年轻人抵御可能面对的最强烈的诱惑，即违反那些维持秩序的规定的诱惑。而如果学院管理者故意欺骗学生，特别是以宽容的姿态去努力赢得年轻人的信任后又欺骗他们，那这些年轻人就会把管理者的宽容看作是一种背叛，而在他们看来，在各种道德问题中，这种背叛是最可耻的。

要了解年轻人打发时间的方式，最好是直截了当、光明正大地公开询问，即使管理者个人无法直接观察这些年轻人，也不要暗地里用其他手段去了解他们，这是一个明智的管理者必须遵守的另一个行为准则。这一准则，实际上是前一个准则的必然结果。管理必须完全出于真诚，而不是表面上显得“真诚”。间接手段本身天然地就隐含着某种怀疑，这种怀疑会让年轻人对周围人的信任有所保留，会让他们更加怀疑居于权威地位的人。虽然这些年轻人愿意努力去信任那些间接的管理手段，但他们有时候也会对其产生怀疑，认为管理者在管理他们时采取的一些措施在本质上与那些有目的的、系统的间谍行为相差无几。通过这种方式了解到的情况，真的能够给双方带来什么实质性的好处吗？可以肯定的是，如果学生们知道了管理者所采取的这些间接措施，如果他们已经对此有所怀疑，那么，管理者就永远丧失了他可以动用的道德的力量。当一方拒绝信任另一方时，双方之间便根本不可能建立信任，这是最确定不过的了。

在管理者与被管理者之间，这一点更加突出。想象一下，当一个学生的行迹被跟踪，他私人的行为被监视，他的随意而毫无掩饰的表达被记录，而这些都可以作为对他不利的证据时，一个敏感的年轻人，会感到前所未有的愤怒。这种愤怒，会让他竭尽全力去打破学院的平静，而不去考虑他的行为本身是否正当，破坏学院秩序会遇到多少困难。这种情况会发生吗？这是一个令人好奇而又非常具有教育意义的问题。我们可以想象一下这个情形。一旦发生这样的问题，通常它会给人一种怎样的印象呢？破坏学院秩序并不是一件小事，愤怒的学生自己却可能认为这些破坏行为不算什么大事。毫无疑问，这种做法是不对的。而且，这样做只会让事情变得更糟，甚至导致更严重的后果，引起更多的违法乱纪行为。

对于那些欣赏这些手段的人来说，它在用真相所具有的全部力量管理学生，但这些获取真相的手段是可耻的。当所有的信任都无法平息学生的愤怒时，愤怒只会让这些年轻人怀疑管理当局的一切建议，他们会因此而变得更加愤怒。因此，即使这种怀疑的程度非常轻微，明智的管理者也一定要避免一切可能引起这种印象的措施。我相信，只有在管理者对学生坦诚相待，表现出真正的信任后，才会在学生心里产生对等的、同样是毫无保留的信任。而事实上，这种互相信任几乎不存在。因为来自管理方的警戒措施破坏了这种友好与善意，也破坏了事情应有的状态及其基础。而这种友好与善意，正是一切管理最可靠的保证，也才是我们所期待的。

1854年7月31日于亚拉巴马大学

5. 第五封信：论学院领导应该具备的道德品质

美国学院制度的成功运行，主要依赖于负责其运行的个体的性情、个人品质等，而这一点给公众带来了不安全感。本文将详细阐述学院管理者应该具备的最重要的道德品质。

我已经谈了几项行事的原则，也谈了我对那些负责管教年轻人的学院管理者的观察，我认为，这对于他们始终成功的管理是至关重要的。接下来，我要谈的是性情中的某些优良品质，最直白地讲，这种品质中最崇高的那部分可能是少数人才有的天赋，而且在一定程度上，还是比普通人高得多的天赋。很明显，这一点对于达到良好管理的结果是至关重要的。我这样做，并没有脱离我这一系列文章所讨论的主要目的，即表明当前我们的学院制度中存在的一个缺陷。为此，我会接着提出一个在我看来比较简单易行的补救措施。

我并不希望，也不会超出管理的自然规律。不过，既然我已经明确地阐述了我的最终目的，在这里讲就没什么不妥的。只是请大家不要误解，我要提出的变革，既不是重大的、根本性的，也不是可怕的或令人震惊的。这个缺点及其补救措施，与当前美国学院中普遍采取的教学制度并无必然的联系。克服这个缺点并不涉及教学制度的重组，也不会影响到它的任何一个重要特征。不过，对于这一点，只有那些有足够耐心跟随我的思路往下看的人，才能够在合适的时间里做出判断。

现有管理制度的成功运行，几乎完全依赖于管理者的性格特征，这是一个事实，我已经谈过了。此外，那些特别适合这项艰巨任务的人，具有一些特殊的禀赋，这些禀赋与经验有关，不能够充分利用这些禀赋的制度，一般都不够可靠。如果我们要消除这个危险的因素，就要采取一定的补救措施。

我认为，在现有的管理体制下，一位成功的学院管理者，必不可少的首要性格特征就是意志坚定（firmness），失败的管理者身上很少具有这种品质。但是，这种品质之所以重要，并不是因为拥有这一品质的人对具有温和性格的人有一定的控制作用，显得有点冷酷，而是因为意志坚定者有时需要性格温和者中和一下。一个举棋不定、优柔寡断、犹豫不决的管理者，是很难得到尊重的，如果无法得到尊重，任何管理都不可能成功。所以，管理者必须立即有力地、稳稳地抓住管理的缰绳，以防止漫不经心、不受约束的年轻人做出荒唐行为。大部分年轻人都很天真，至少其中的大多数人是需要受到约束的，但只有很少的人愿意承认这种必要性。关于这一点，不需要谈论太多，因为这一品质的缺乏，几乎是美国的学院管理者身上的缺点中最罕见的一个。

我接下来要谈的，是温和的管理方式。人们往往认为它是最不重要的，可能偶尔还会起反作用。这种温和的管理方式，摒弃了那种看起来非常严格的管理，在友善的外表下隐藏着最公正的裁决。温和和严格相结合，就是所谓的外柔内刚。很明显，这是管理者经常用到的一种管理手段。比如，拿破仑观察法国人后提出，需要用天鹅绒手套中的铁手来管理法国人。一个感受过这种铁腕力量的臣民，可能会说，伟大的君主从来不会放弃铁腕统治，但常常忘了戴上一副“手套”。法兰西皇帝对法国人的观察，当然不适用于观察我们美国学院那些冲动的年轻人。我相信，在学院管理中坚定的意志必不可少，但是我也深信，负责管理的那些人，表面上始终非常温和，这是防止犯错误的一种手段，而且是一种比所有因违反法律所受的惩罚加在一起都要有效的手段。如果说年轻人很容易变得兴奋，热情会迅速被点燃，那么，他们也很容易平复下来。寓言《太阳和风》[①]所蕴含的真理，就像人的本性那样普遍存在，把它用到学院管理中，比用到任何其他地方都更具有说服力。

同样，学院管理的成功，主要依赖于行政领导明智地运用他的力量。不论什么时候出现状况，他都有进行惩罚的权力，但这并不是说他每次都要用到惩罚手段，更不是说，每次他都应该根据他对违规行为的了解而不是对违规者本人的了解来进行惩罚。在预防和改善问题方面，通过私下监督个体的举止，提醒他可能犯的错误，通常比在事情发生后再处置的效果要好；比对所有参与者进行公开指责与审查要好。当这样一种解决方案成为可能时，很明显，这是最明智、最仁慈、最宽容的方案。但是，使用这样一种处理方式可能不会总能达到我们的目的，考虑到这一点，对于学院的管理者而言，没有什么品质能比清晰而审慎的判断更有价值了。学院不可避免地需要各种形式的审查、惩戒或处罚规章，这是由于人性本身还不完美。但是，人类设计出来各种规章，主要是为了预防犯错，因此，越少诉诸这些规章，与最初设计的目的越一致，结果就越好。

学院中的年轻人，会感到在他和他的教师之间出现了一些问题，并为此所困扰，这种情况很常见。他可能会认为他在自习室的申辩没有得到公正的对待；他可能会用一种受伤的腔调，诉说着他在班级里听到的那些针对他的言论；他可能会认为他在成绩册上的得分没有充分体现他的实际水平，或者他还会有一些其他的不满，这些不满会促使他去抗议或抱怨。教师不能轻视这些表

① 该寓言的主要内容为风自认为比太阳强大，太阳让风吹飞人类的大衣以自证，结果风越大，人类把衣服裹得越紧；而太阳通过让人类感到温暖，使其脱下了大衣，赢得了胜利。——编者注

现。耐心应该是教师的一个突出品质。教师可能从来都没有发现，他应该始终保持耐心，而不是偶尔才耐心。因为，如果教师拥有我已经详细阐述了的这些品质，他就可以逐步努力去消除一些源于他的错误，不管他的语言或行为可能传递的意思是什么，他一定会感觉到他的初衷（intention）错了。但是，这既不会让他更加耐心地倾听，也不会让他根据具体的情境去解释学生的不满是如何产生的；即便他这样做了，通常也无法解除他一时的懊恼，无法重新建立一度被扰乱的那种信任感和亲切感。

不管是进行审查还是表扬，学院的行政管理者，都不应该被一种带有偏见的情绪所驱使，即支持一方或者另一方的情绪，这一点的重要性不需要我多说。

在民事法庭上，最重要的原则就是司法必须严守中立，所有学院管理者也应该带头坚持同样的原则。我们教育机构的领导们，经常受到的最多指控就是他们不够公正。人们指控的偏袒的确存在，通常的情况往往是他们袒护学生。但是，不管怎样，有时候我们会听到这样一些说法，即行政管理者的偏见往往会让他们忽视某些个体的价值，或者让他们采取一些不必要的严厉措施。可能会有人说，这些指责根本就是无稽之谈，公众常常会毫无根据地污蔑他们。但这一事实也表明，人们指责他们不公正时，依据的不是偏袒的事实，而是偏袒的可能性，尽管这种可能性微乎其微。不管怎样，他们指出了学院行政管理者应该具备的绝对不可或缺的一种品质。当他们谴责我们时，这并不是简单的应该具备这种品质的问题，而是——学院管理者必须维护自己的声誉，必须让人们相信自己是具备这种品质的，学院自身也应该维护这种声誉。

可以看到，最具判断力的学院行政管理者不一定具有最谨慎的智慧，对于那些始终如一、不容失败的善意者来说，管理是他的职责。年轻人容易兴奋，情绪起伏较大，不管他们在表面上如何沉着冷静，这些情绪会促使他们做出一些过激的言行，也容易打破他人的平静。然而，学院行政管理者的冷静应该压制住所有这些挑衅。他应该冷静地面对这个兴奋的时刻，并让它过去；要允许捣乱者做出应有的补救，通常在事后反思之下，捣乱者会自我谴责，并加以补救。如果管理者让自己也变得兴奋，那就会加大这种分歧，会让补救变得不可能，那就只会有一种结果。那些已经挑战了学院管理者权威的人，或是极其不尊重学院代表的人，将不再是这所学院的一员。因此，对于一个学院管理者来说，拥有强大的自我管理能力是非常必要的，这一点很明显。因为，尽管需要严肃处理的情况并非常态，但一旦出现这种情况，如果没有强大的自我管理能力，事情就会变得非常糟糕，再也没有挽回的余地了。

最后，我还要再说一点。在一个明智的学院管理者的字典里，不应该有“无情”这个词。年轻人的错误通常都是因为冲动而非有意为之。他们表现出来的只是缺乏思考的愚蠢行径，或者是性情中的轻狂莽撞，而不是精心设计的犯罪。学院中的大部分年轻人，性格都不够成熟，其中可能有一些学生会被彻底地放弃；但实际上，一旦学生们度过少年期，进入青年期，他们就不再需要学院管理的各种限制性措施了，这一点适用于几乎所有学生。因此，那些接受学院规章制度惩罚的违规者还没有足够多的时间去完全改正自己的恶习，但他们的良心也还没有对所有的诉求都变得冷酷无情。因此，当他们对自己的行为感到懊悔时，一个深谋远虑的管理者会悄无声息地转过身去；当他们需要忏悔室时，他会毫不犹豫地提供。他会记住，或许，肇事者的整个命运，是留在这个世界还是到另一个世界去，都取决于自己的决定。同时他还要考虑到，如果有些错误非常严重，触犯了整个学院的最高利益，即使是真心的忏悔也无法弥补，那作为学院的守护者，他就应该拒绝接受这种忏悔。

但是，即使所有学院行政管理者都完全具备了我所谈到的这些品质，我也并不认为此后就不再会有麻烦。我只知道，如果没有这些品质，至少在相当大的程度上，就是给那些麻烦留出了一个宽敞的大门与通道。因此，现有学院制度的成功运行，在很大程度上，明显是因为它所委托的管理者就是这一类人。这个制度的某些特征，特别是它的某些缺点，是很容易消除的，我们探讨得越深入，就越会承认这一点，因为，对伟大的教育目的来说，那些特征根本就不是必要的。

1854年8月5日于亚拉巴马大学

6. 第六封信：论《莫比尔报》对每日巡视宿舍这一管理制度的反对

论《莫比尔报》对每日巡视宿舍这一管理制度的反对—关于它的设计—沿袭习俗的若干理由—应该鼓励管理者与学生之间的社会交往

现在，我要回到学院习俗这个问题上了，在一开始的讨论中，我就没有回避这个问题，只是说它是与规章制度本身共生共存的（co-extensive）。我曾经提到过这样的做法，即要求学院行政管理者在非学习时间时不时地去巡视一下学生宿舍。您对此提出了强烈反对。

您反对这种巡视的理由主要有两个：第一，这是对学生天然的隐私权的一种侵犯；第二，它的目的是通过诡诈、秘密的方式，获得通过正当、光明正大的方式无法了解到的信息。您用了这么多笔墨，应该不是在指责所有学院管理者都有这种有预谋、有步骤的卑鄙行径，但是，在您对我们所讨论的这种做法的反对中，无疑暗含了这种指责。

现在，我要问的是，让学生接受这种巡视，在何种意义上侵犯了学生的天然权利？只有当学生同意在大部分时间里都服从权威的指导时，学院才会接受他做自己的学生。为了防止可能发生的错误，无论在何种情况下，也无论管理者自己是怎么讲的，学校已经具体制定了一些规章制度，并把它分发给每一个要受它约束的人。规章制度中明确规定24小时中哪些时段是不属于学生的私人时段；而且，也有可能要求在这段时间里，管理者要始终在场（尽管他们只是偶尔会这样做）。有时候为了复习或演讲，学院的行政管理者会在某个规定的时间里与某个班级的同学会面。他们还可能要求学生在预习阶段就和自己在一起，我就常常这样做。在一些特殊情况下，有一些班级会反复请求我这么做。但是，学生们通常会放弃这项权利，为了避免这一点，就要保证学生会在自己的宿舍里继续学习，管理制度根本不承认学生在学习时间有什么隐私权。巡视宿舍，实际上是对下面这个事实的有效认可，即无论如何，学生的时间都不属于他个人，而是要服从学院的管理，因为学院完全可以按照自己的意愿去安排学生的时间。但巡视宿舍制度所涉及的时间仅限于此，因为除此之外的时间，与学院的管理目的无关，现代学院的管理从来没有介入。在其他时间段里，只要不出现需要管理者介入的不正当行为，管理者同样会尊重学生的隐私权。

现在，你已经初步了解了整个规章制度——包括它最初的设计目的，它的权力基础与理性基础。从这一点来看，你能从中发现例外的情况吗？无论如何，我确信，学院的行政管理者，至少是我们学院（指亚拉巴马大学）的行政管理者，并没有一直坚持这种做法。如果不是他们确信关于巡视宿舍的规章制度永远不会让学生们感到满意，他们可能希望明天就废除它。这一点无疑会让您感到吃惊，对此，您可能会要求把您极大的异议记录下来。但是，我们知道我们在说什么，因为我们已经进行过这样的试验。一两年来，由于管理者的人数与过去相比有了大幅度的减少，我们不再巡视学生宿舍。我们是在学生们的要求下才继续这么做的。那些渴望学习的人总是占大多数，他们发现那些不喜欢学习的人极大地侵犯了他们的隐私权，严重地干扰了他们正常的学习活动。这些干扰在不断增加，它们出现的频率也在不断增加，直到变得让人无法容忍，结果就出现了前面我所说的情况[①]。因此，如果我们再次停止这种做法，类似的情况还会出现，对此，我毫不怀疑。在任何一个随机的由一两百个年轻人组成的群体中，从一间房闲逛到另一间房的习惯，把时间浪费在无意义的小事上，这些问题都不是一下子出现的；但是这种行为会不断地发生，因为那里并没有阻止它们发生的有效措施。我相信，人类的本性总是相同的，这是可以肯定的。巡视宿舍制度所能够提供的有效措施本身是微不足道的。通常，或多或少总会有一些学生，不仅无意于他们自己的学习，而且还妨碍同伴的学习，对此，每个学生都有责任把这些捣乱的学生找出来。和每一个缺乏持续监管的方案一样，这样做并不足以杜绝这些不轨行为

① 指学生们自己要求教员巡视宿舍。——译者注

的发生，但是，在防止出现更多的不轨行为方面，这种做法还是非常有效的。我还要重复的是，学院的教员们认为，巡视制度带给学生们更多的是好处，而不是让他们感到压抑的骚扰。如果大多数有孩子在学院上学的父母，或是孩子自己，在经过对这个话题的各方面的深思熟虑之后，仍然希望废除这个制度，那么，学院肯定会毫不迟疑地将其废除，对此，我毫不怀疑。

针对您的第二条反对意见，我愿意相信，经过深入的思考，您会将其收回。我知道，在维持学院的纪律时，通常有一些人会忠实地履行他们的职责，尽管他们自己对此也很痛苦，但这还是会让他们成为令人讨厌的人，在维持纪律所引发的骚动的影响下，年轻人在谈到这些人时会非常鄙视，这是很正常的。不过，可以肯定的是，作为《莫比尔报》的编辑，您是一位对世事非常了解的绅士，您应该不会相信，一位文学教授，或一位学识渊博的其他学科教授，仅仅会因为担任了这样一个独特的管理职位，就会做出一些让自己变成一个无耻之徒的行为。因此，对于这一条反对意见，我只能表达我的遗憾，我们可以很容易地原谅急躁而鲁莽的年轻人的责难，他们是受到了冲动的情感的刺激，但是，这些言论不应该出现在像《莫比尔报》这样发行量与影响力都很大的报纸上。

抛开这个话题不谈，我认为，在现有的学院制度下，学院管理者承担巡视学生宿舍的职责还是很有必要的。我们可以专门用它来考量我在上一封信中谈到的学院管理者应该具备的一些品质，特别是那些与处理问题的方式有关的品质。在巡视每一间宿舍时，要考虑学生们必须做什么，这一点通常不会有什么疑问。巡视的范围大小会提醒巡视者，他必须有效地利用他的时间。因此，简短而又形式主义的巡视，往往会让学生感到很生硬，这是它的官方性容易传递出来的信息。那些在履行这一职责时，在每一次重复这种巡视时总能传递并感受到快乐的人，一定会被认为拥有一种特别适合这个职位的特质。然而，事情并非不可能。我恰好知道这样一个人，他已经经受这种考验很多年了。我把它作为一个额外的证据，不管您给它涂上了多么令人讨厌的颜色，但制度本身并不一定是令人讨厌的。

结束这封信前，我还要谈一点。当我们谈到正式巡视时，我要表达的信念是，如果在我们的学院管理者与学生之间有更多的非正式巡视，至少要比在我们的学院里出现的次数更多，那一定会有非常明显的积极效果。假定有那么一些时刻，人们忘掉了教员与学生之间的人为的关系，或者至少达成共识不去考虑这种人为关系，在双方之间就会出现一种友善的、基于个人兴趣的情感，它会非常有效地促进整个学院的和谐与幸福。从学院管理者来看，即便他们愿意这样做，通常也很困难，甚至是不可能的。这既是因为公众与私人给他们施加了压力，也是因为年轻人太多，他们的注意力要同时关照到多个方面。但是，他们应该邀请并且鼓励学生来找他们，只要学生有时间就可以去找他们。我可以毫不犹豫地说，无论何时，只要条件允许，师生就应该相互拜访。我真正的观点是，与无限的道德影响力相比，为了学院的良好秩序而曾经实施的所有规定，都是软弱无力的，但通过赢得他所教导的那些学生的热爱，而不是让他们畏惧，作为个体的学院管理者是可以获得这种道德影响力的。管理者们应该表现出希望在日常生活中见到学生并且看望学生的意愿，并且要表明这种会面与看望不只是表面的形式，只有如此，才有可能实现预期的目的。

1854年8月8日于亚拉巴马大学

7. 第七封信：对现有学院管理制度的辩护

对现有学院管理制度的辩护（vindication）不可能让所有人满意。因为，首先，没有一个制度能够完全适用于所有年龄的学生；其次，学院学生中的流行观念往往来自那些最不需要管理的学生。

您特别批评的学院管理制度上的那些特征，适用于我们国家的所有学院，对此，我已经检视过了。即使无法阻止您对它们的反对，但至少我已经表明了我们还是可以为它们辩护的。只要按照现有的方案去组织管理我们的学院，那这些特征就是合理的，甚至我还要说，这些特征是有必要的。

现在，如果我要考察与学院管理和纪律相关的其他规定，每个规定可能都会有例外的情况，如果我要像写会议纪要那样详细阐述是哪些原因促使人们把它们纳入学院的规定中，我可以为每一条规定找到一个正面的例子来加以证明。我可以这样做，是因为这些规定并不是在某一天、某一年或者某个世纪里被创造出来的。它们所赖以存在的基础，不是那些没有经过事实验证的最聪明的人或大部分人的观念和判断。这些规定都是经过实际经验锤炼的结果，是通过对几个世纪中存在的不同方式的比较得来的。

不过，不可否认的是，为现行学院管理制度进行无懈可击的辩护只会给公众留下糟糕的印象。人们不断质疑它的原因是，“让一个感情丰富的年轻人服从那些仅仅适合管理男孩子的规章或规定，会伤害他们的自尊，践踏他们性格中的骄傲，损害他们个人尊严中固有的情感”。我们的确是这样做的。如果一个年轻人的年龄足够成熟，能够自律且坚持原则，那么，在加入我们的学院时，他就会把我们的制度看作是专门为他制定的。但是，实际上，我们的制度并不针对某个人。仅仅因为有一些个体并不需要它们，就谴责我们的规章制度是压制性的，这是不公正的。我们的难题在于，要引导公众，包括那些最明智的公众去想明白一个道理，即人们制定的所有法律，针对的都是那些最需要加以限制的人，而不是那些最不需要它的人。

在前面的信中，我提到了一个事实，那些成为学院纪律管理对象的学生，几乎总是一些男孩子。我们的制度允许我们接受年满14周岁的孩子入学，因此，有很多学院的学生，入学年龄不足16岁。另一方面，在成为学院的一分子之前，也有一些人已经达到或者几乎达到了成熟年龄。我们发现，我们的学生群体异质性程度非常高，他们在性格、自我管理能力、男子气概的程度上，都相差甚远，不适合用同一种制度去管理。我们还发现，在由年龄较小的孩子组成的班级里，大部分学生都是直接从中学升入学院的，他们已经习惯了直接而频繁的监督对他们的行为的限制。因此，即便他们拥有了自我管理的能力，他们也还没有养成自我管理的习惯。只要学院严密的监管体系有一点点放松，青少年天性中那些几乎不可抑制的特性，就会一股脑儿地涌出，并利用每一次可能的机会，去追求嬉戏的快乐，而这一点也被带进了学院里，直到他们习惯了自由，不再受到放纵的诱惑，才会把这些特性丢到一边。的确，学院生活会让一个男孩迅速地成长为一个男人。在这样的群体里，特别是当群体的人数很多时，通过外在的行为举止与风度，也包括学院正式的记录，会让班级里的某几个成员非常地引人注目，与其他人明显区别开来。对于他们来说，未经深思熟虑的鲁莽行为，在年少时就非常罕见，到了后来更是几乎不会再有。

这一点对学院管理非常不利，因为它能为所有这些性情各异的学生提供的只有一种纪律与制度。结果，这个严格的制度针对的是那些依然受孩子气支配的学生，他们还很容易学坏，但是，对于那些更稳重的学生群体而言，即便是单纯的怀疑也会引起他们的鄙视，他们认为这个制度所提出的要求，完全就是无理的压制与侮辱。学院学生中的主流思想，更多地来自后一个群体而不是前一个群体。因此，诸如《莫比尔报》对巡视宿舍的这类批评，表面上看就显得比较有分量，也比较合理，但如果我们还记得，这种制度的存在，不是为了监督或限制那些不需要限制的人，而是主要考虑那些需要它的人，学院不可能把他们分开进行管理，因此，这些批评就显得不再那么重要、那么合理了。就学院中已有的规范学生行为的规章制度而言，十之八九都有这样的情况。

一个奇怪的事实是，当前，尽管许多学院中的学生实际上都还是未成年的男孩，公众却常常像看待成年人那样看待他们。而在学院的早期发展史上，不管是在美国还是在其他国家，情况都与此相反。事实上，即便不完全因为他们还只是孩子，学院中才建立了学舍，这一因素也仍然对大学组织架构的设计产生了影响。英格兰的大学只负责教学，并不负责学生的举止或道德培养。主讲人除了授课，什么都不做，这并不会影响他们最终成为教授。他们听不到学生们对讲课内容的概括。但是学生们需要道德控制和心理训练，大学的建立就是为这些目标服务的。在这种组织形式下，学生们被安置在这些建筑物里吃住。每一幢楼都由一名教师负责管理，必要的时候，可能会要求由一个或几个导师协助。导师的责任是监督年轻人按时听课，针对所讲授的内容进行提问，以及评判学生的回答是否正确。不仅如此，对学生进行宗教教导，“做所有能够让他们取悦英国圣公会的事情”，同样也是导师的事。除此之外，导师还要负责一些相当烦琐的事情：保证学生的仪表符合规定，包括他的衣服、靴子、发型等；要防止那些不受管控的顽劣学生逃避监督，这些任务多少有些令人不快，这一点体现在下面的规定中——“如果发现学生违反了校规，前三次对导师罚款6～8便士，如果还有第四次，那么导师的指导权就会被剥夺。”查理斯·莱尔（Charles Lyell）爵士说，在英国大学中，直到弥尔顿时代[①]，都会进行体罚。在我们国家，早期的哈佛大学和耶鲁学院也是如此。到了19世纪初，在那些学院中世代沿袭的制度开始变得支离破碎，比如，它要求一年级新生在第一年里为高年级学生做一些杂事，因为只有这样才能让新生与高年级学生的想法保持一致；而直到相当晚的一个时期，整个学生群体才被迫服从学院的行政领导。但现在，人们认为，这些都是可耻的做法。最初，用证词指证同伴“罪行”的学生，究竟在多大程度上是正直的、光荣的，还是虚伪的、可耻的，并不是一个问题，更不是一个适合讨论的问题。但是，我想，即使曾经出现过这种情况，拒绝做证的年轻人也不会被警告，更不会被开除，最多也只是成为人们的谈资。然而，这一切已经被我们改变了，而且这种改变是非常正确的。但是，今天，我们又拒绝了改变。当学院教员们尝试利用各种各样的强制措施时，即使他们一开始没有遭到抵制，至少也遇到了一些抗议与抱怨。

从前面的论述可以明显地看出，美国学院让自己承担了双重职责——教学与管理，而在几个世纪前的英国，这两个职责是由学院与大学分别承担的，主要是通过让导师在职能上逐渐而系统

① 弥尔顿（Milton, 1608—1674），英国诗人、政论家。这里的弥尔顿时代主要是指17世纪。——译者注

地取代教授，让学院在实质上取代大学。但是，到目前为止的事实已经证明，从我们的榜样那里复制这种设计，让我们国家的学院承担这种双重责任，是失败的，因为它们并不具备履行这种责任的能力。我们学院的行政管理者，没有与学生们同吃同住，也没有用围墙与门锁保证对学生的管理。由于缺乏这些必要的物质上的防护措施，我们让我们的学院陷入了一场口水仗中。我们用法律取代了直接而持续的监管，用惩罚取代了门锁；我们更相信书面的规定而不是牢固的石墙。有时候，我们希望能仅凭一口气就吹走前方的障碍！

1854年8月10日于亚拉巴马大学

8. 第八封信：论美国学院的错误及其补救措施

美国学院承担了一个多么巨大的责任啊——我们国家把学院制度看作道德训练制度，这是一个错误，对此有什么补救措施吗？

到目前为止，尽管我还没有具体地阐述在我看来我们的学院制度的缺陷，尽管一些明智的学院管理者已经提出了各种指责、警告与批判，但我们在相当程度上还是可以预见，有些问题仍然会时常出现。我想，我的上一封信无疑也表明了我对这个问题的看法。但是，当我希望大家能够更好地理解我的用意时，我不会让大家只是根据推论去了解我的观点。真相很简单，那就是，美国学院承担了它们并没有足够力量去履行的责任。它们承担的责任不仅仅是培养心智，促进理解，还包括规范行为与维护道德。毋庸置疑的是，这些责任之所以重大，是因为从一开始，人们就完全意识到了它们的重要性，是有意为之的结果。但是，一套可以用来帮助学院充分履行这些责任的方法与手段，并没有随着这些责任一起出现。最初，学院在严格意义上就是一个家庭，采用了父母式的专制管理。始终如一的现场监管，门窗与围墙的限制，以及带有强制监视性的观察，这些已经被我们如丝网般严密的制度所取代，正如我所表明的那样，它们被认为是可耻的，是死气沉沉的。至于惩罚的手段，包括限制人身自由、减少娱乐活动、增加学习任务，甚至是童年的噩梦——棍棒等。最初，这个制度的设计很明显只是针对那些男孩子而不是别的什么人，尽管如此，我们也必须承认，在最初阶段，少年时期在人类生活中所占的比重并没有当前这么大，而且，所有年龄的人都遵守着这些限制而毫无异议。但是现在，人们片刻也无法容忍这些限制。老霍姆斯仅仅用三行诗句，就为我们描绘了曾经的一切是多么“美好”：

人们在过去还不是民主主义者，
他们从不谈论人权，
也不谈论诸如此类的事情。[①]

威廉姆·汉密尔顿（William Hamilton）爵士告诉我们，那些已经建立了宗教秩序的大学城，对于慕名而来的教师或学生来说，不啻为学习圣地，他们常常会租住在当地的小旅馆中；而面向世俗学生的学院与学舍，就是仿照大学城中的小旅馆建造的。不管是在英国还是在欧洲大陆，在欧洲大学的最初设计中，根本没有考虑过要约束学生的行为或提升他们的道德水平。汉密尔顿爵士的研究表明，学生道德沦丧的情况是特例，只有在某些特殊

① 这是美国诗人老奥利弗·温德尔·霍姆斯（1809—1894）的作品《多尔切斯特巨人》（*The Dorchester Giant*）中的诗句。——译者注

情况下才有必要建立一些道德规范。德·维特里拉（De Vitry）曾经预测过学生可能面临的道德沦丧风险，汉密尔顿爵士就引用了他的预测。想象一下，如果把耶鲁学院、哈佛大学、普林斯顿大学，或亚拉巴马大学的管理制度提供给那些建立巴黎诸学院的令人尊敬的教士，他们会觉得有多么恐怖。在那些教士看来，管理制度只会适得其反，让学院面临的各种风险成倍增加。当他们公开宣称，要放弃他们所担负的树立年轻人道德规范的职责时，他们考虑更多的是现实存在的问题而不是想象中的问题，并且以物理的藩篱代替了空洞的教条。他们维护年轻人道德水平的方式很简单，就是让外部的道德威胁无孔可入。在这里，我并不是要证明他们没有犯错，或者他们犯的错没有我们犯的错那么普遍，我只是想表明，当他们有了明确的管理目标时，他们就采取各种措施去实现它，这就足够了。而我们虽然也有同样的管理目标，所采取的措施却近乎没有。我们放弃了对学生的监管，我们鄙视家庭式的安排，我们已经撤掉了学院的围廊……我们的学院大门前并没有一个类似守卫的看门人，没有坚不可摧的围墙围成的学舍庭院，没有“肥硕的教授或刻薄如魔鬼般的导师”，没有大门门锁，没有宵禁与经济处罚，去防止学生与外部世界可能的不良往来。我们只是简单地引入了一些规章制度，但是，这些规章制度失败了。当然，我并没有发现什么特别严重的学生违规行为，毕竟这种情况非常罕见。但是，在我自己曾作为学生的个人经验中，在我自己作为学院管理者的观察中，我还是发现了这些制度的失败。证据就是，许多人认为，美国学院已有的管理制度，是对人性的压制，是毫无价值的。我相信我有理由使用一些更加激烈的言辞。就我而言，进入令人着迷的学院，与其说是在道德上被迫接受了新规范，不如说是从旧的道德制度中解脱了出来，这是确凿无疑的事实，它是一种直接的感知。

希望凭借这样一个制度培养美德，合理吗？如果年轻人经受住了严格的学院生活的考验而不曾犯错，那不正是由于这个制度的存在，是这个制度的结果吗？通常，如果没有诱惑，就没有罪恶与犯罪；而如果没有机会，诱惑也无从发挥作用。年轻人几乎很容易受到诱惑，而美国的学院制度，则为诱惑提供了大量机会。

对于最容易滋生极具毁灭力的坏影响来说，这个制度同样提供了一个坏榜样。如果说，撒旦在其堕落的过程中尚能引诱天堂中三分之一的天使①，那么，撒旦在地界的任何一个使臣，都可以使那些为数更多的莽撞、冲动的年轻人偏离正常轨道。社会同情心，对同伴的感情，经常会让一个年轻人在昧着良心做事的路上越走越远。如果背叛了信仰，他很快就会脸红，会意识到因此感到兴奋的荒唐之处。他会自然地追随哪一方呢？他会马上就抛弃他的良心吗？对我而言，学院制度的最初设计，并未守住年轻人的道德底线，而是将他们置于各种危险中；并未照管好他们，而是将他们完全甩给了偶然性。人们并未制定出一个能更好地实现这些目的的方案。直到今天，尽管那些旧时代的人用他们的智慧规划了这个方案，但支持它的每一个时代特征都已经消失很久了，可是出于一种对古老习俗的不可置疑的尊重，它的基础依然得以维持。现在，假如我们可以抹去所有关于过去的回忆，假设当前这一代人所面临的问题是一个全新的问题，那么，为了教育年轻人以及守护他们的道德，一个机构该制定怎样的规章制度呢？我能想到的是，在整个文明世界中，恐怕找不到一个明智的

①《圣经》中说，撒旦曾召集了三分之一的天使反叛上帝。——译者注

人会赞成现在这个普遍流行的规章制度。

有没有什么补救措施呢？答案是肯定的。这个补救措施可能与时代精神并不一致，可能也会被证明并不经济，但是，这是一个补救措施。无论如何，我们必须回到英国的学院学习制度上，这个制度一直延续到18世纪，它明确了大学与学院的差异，区分了精神文化与道德培养，重新确立了教授与导师在功能上的普遍区别。在这个制度下，除了我已经阐述的所有权宜之计以外，管理也可能跟我们完全不同，正如它过去在牛津大学与剑桥大学中那样（现在仍然如此），在许多学院与学舍之间，教学只是一个纯粹的教授团队关注的事，他们由大学的教员组成。通过对学生群体的细分，控制全体学生的难度大大降低了。正如威廉姆·汉密尔顿爵士告诉我们的那样，在14世纪的牛津大学，学舍与学院的数量大约是300个，现在，只有24个。最近到过那个令人景仰的学习圣地的一个参观者告诉我们，牛津大学没有一个学院的学生数量超过140人，有一些学院甚至只有10个学生。由于牛津大学的学生总数为1500人左右，很明显，在对任何一个特定学院的管理中，都会面临许多困难，但即使这些困难恶化到了反叛的边缘，也不会对大学总体的平静产生太大的影响。

然而，在我们这个国家与我们这个时代，出于各种各样的原因，我们所诉诸的这样一个补救方案，根本就无法实施。我们的政治原则与我们的联邦组织反对集权。所有宗教教派一律平等，不管最终对教育事业是好是坏，它们都要拥有教育自己孩子的学校与学院，这些学校与学院，必须都掌握在和他们拥有同样信仰的教师手中，在这点上并没有像英国与法国那些享有特权的大学学习。此外，时代精神对管制越来越不能容忍，哪怕这些管制有很大的好处，我们的时代已不可能支持恢复监狱般的围墙与对时间管理的强制性规定。学院可能会被废弃，试验可能也会失败。更何况，这个补救方案可能会要求整个国家的所有学院建筑完全重建，我们几乎不需要再加上一条反对意见。

那么，还有其他的补救方案吗？确实还有一个，但眼下可能不会有什么人赞成，特别是那些已经在造价不菲的建筑物上投入了巨额资金的学院。我完全相信，最后的结果会是：完全放弃修道院式的管理制度（cloister system），尽管这个制度是为了监督学生的行为、提升他们的道德水平而设立的。我明白，这种情况极有可能发生。美国学院流行的管理制度本身具有的恶很大，善却很小，但很明显，我的同伴与各地的公众对这种现状非常满意，对此，或许我都没有感到自己会如此大胆，可以如此公开地大声说出我的信念：从我成为学院新生的那一天起，直到现在，我都对这一点非常满意。我们美国那些杰出的教育家中，没有哪一个会像我这样如此公开而彻底地谴责这个制度，并且是基于同样的理由。学院建成一些大楼以供学院学生居住，威兰德博士已经表明了这个制度必然产生的一些恶果，这就足以要求放弃这些大楼，或者为放弃这些大楼提供了合理的论证。尽管威兰德博士采取了一种不可辩驳的、下结论的方式，他在发表声明时却有些犹豫，他把自己局限在谴责建立任何新建筑上。我倾向于再往前一步。我要说的是，威兰德已经证明了这个制度具有如此大的危害，不管可能付出怎样的代价，都应该要求将其连根拔除。不过，这个话题又要专门用一封信来讨论了。

1854年8月12日于亚拉巴马大学

9. 第九封信：论寄宿制的弊端

寄宿制的弊端——对威兰德博士关于这个话题的观点的总结

英国大学中各个学院的建立者，希望在道德上与物质上找到一些措施来保护他们的机构，对此，我已经谈了很多，我之所以这样做，只是为了使它们与我们的学院的对比更加鲜明。在一些极其重要的方面，我们的学院都存在着缺陷。但是，无论如何，我完全没有意识到，所有严厉的指责都毫无意义，因为这些指责完全忽视了它们的最初设计，在如牛津大学与剑桥大学那样著名的学习圣地，也已经出现了带有现代意义的指责。我很清楚，眼下对于一个从外部观察的人而言，一所英国大学给人的印象，与其说是一处专门挑选出来的科学幽境，或者说是缪斯之家，不如说是一座奢华的公寓，或者是一处享受肉体欢愉的胜地。我举的例子不是来自19世纪的牛津大学，而是来自13世纪的牛津大学；我谈到的习俗是300个学舍的习俗，而不是现在依然存在的24小时全天候的、富丽堂皇的“欢乐宫”的习俗，这300个学舍，现在几乎全部绝迹了。在爱德华一世（First Edward）[①]时代，有3万名年轻人在那里接受了修道院院规的严格限制。当时，牛津大学的学生们根本不会“胡吃海喝、狩猎骑马、障碍赛跑、追逐异性”，而且，詹姆斯·诺尔（James Nore）爵士曾经看到过，“牛津的穷学生在贵夫人的家门口乞讨，拿着旧袋子与破钱包，唱着宗教救赎歌”，这种情况非常常见。当时，在英国大学里的确存在着道德约束；现在，这些约束几乎已经不存在了。

在上一封信里我说过，学生在学院生活期间处于一个孤立的

① 爱德华一世，英格兰国王，又称“长腿爱德华”，是英国金雀花王朝最重要的代表人物之一，在位时间为1272—1307年。——原文注

社会之中，为他们提供一些建筑大楼以供住宿，这个方案遭到了威兰德博士的反对，他的反对极具权威性。对此，他已经有充分的论证，我不会冒险去重复他所讲的内容，我也不会为之增加什么说辞，那些看到这些信的人，可以去找一找他对这个话题的详细论证。重复他的一些主张并不能证明我的合理性。除了我已经提出的那些观点，威兰德博士也极力反对流行的制度安排，认为它们不够自然。在人生的某个时段里，家庭式的同情与社会给予的乐趣和好处，对于年轻人来说是非常宝贵、非常重要的，但流行的制度剥夺了年轻人享受它们的机会。在生病时受到密切的关注，在健康时受到细心的照料，这些在年轻人的生活中都是非常重要的。而在他们的新住所，什么都没有。此外，从家庭来到学院营造的人为社会，中间的过渡太过直接而仓促。在家庭中，年轻人习惯于接受所依赖的人的支持与引导，这种支持与引导是通过建议和爱护完成的，但学院是一个更大的世界，在这里，面对每一种紧急情况，年轻人能够咨询和依赖的只有他们自己。这个过渡太过突然，以致学生们无法适应，也不可能从中受益。

威兰德博士进一步发现，学院学生的年龄相差较大，这也是他反对修道院式的管理制度的一个理由。那些最焦虑、最警觉的教员所进行的少量监督，对年龄较小的学生产生的影响，要远大于那些年龄远超过入学要求的学生。规定他们出入宿舍、学习与休息的时间，让他们忍受匮乏，学会克制，即便是拜访朋友这样普通的行为，也要经过允许，如果要在非规定时间接待朋友，就必须有一个充分的理由。当国家法律与社会习俗认为他们能够自我管理时，这些监督就不再必要了，也不会再显得那么令人讨厌了。但是，在一个所有人都使用同一个规则的社会中，这些规则是无法避免的。更大的困难是，对于那些还根本没有养成自我管理习惯的人，这些规定必须足够严格。事实上，我们当前的学院制度，并没有提供后面这类更严格的规定。我们越是及早而明确地、真正地承认这个事实，情况就越好。如果一个学生需要有一个监督者直接去影响并监督他，不管是督促他去努力，还是限制他不要做一些有害的事情（虽然这种情况并不常见）；不管是帮助他学习，还是指导他如何选择阅读材料，或是警告他抵制赌博的诱惑。让这样一个学生置身于美国学院之中，并不合适，也没有好处，甚至也不安全，因为，不管他多么热情地投身于学习，都没有监督者可以了解他的习惯、他的需要，以及他所面临的危险。

在威兰德博士看来，我们学院的安排对于学生的健康，或多或少有一些不良的影响。锻炼身体对于保持精力的充沛极为重要，然而社区密度过高，把所有必要的活动都限制在一道非常狭窄的大学围墙里，即便这样的安排不曾直接妨碍身体锻炼，至少也很难引起学生们参与锻炼的兴趣。学生们因为健康受损或体格不健而被迫辍学的情况并不少见，由于对适当锻炼的忽视，学生们可能会生病，至少会让他们体弱多病。就疾病而言，学院建筑物的设计也不太恰当，假如出现了传染性疾病，就难以且几乎无法阻止它在整个学院的蔓延。

当从道德层面看待这个问题时，威兰德博士也赞同我已经提出的观点。他用来强化他的观点的一两点思考，对我来说特别重要。至于坏榜样所带来的比较坏的影响，他观察到，追随邪恶的人比信奉美德的人更热衷于吸纳党羽。这一事实是如此可悲，以至于怎么强调都不为过。很明显，坏人会逐渐把纯洁的心灵变得像他们一样邪恶，并为此感到巨大的快乐，怀着这种恶毒的心思，他们制造出巨大的吸引力，运用带有诱惑力的技艺，摧毁他们声称要善待的一切。不成熟的年轻人，本性是易轻信的，缺乏深思熟虑的，这种本性让他们特别容易屈服于那些他们更加熟悉的所谓的生活，那些错误的观念与坏榜样对他们有种致命的吸引力，会让他们产生一种表面的优越感（实际上，却将他们引向了一条不归路）。很不幸的是，通常当一两百个年轻人作为同一个社团的成员在一起聚会时，事情无疑就会变成这样，这是可以肯定的。的确，有些人几乎不可避免地会被我们的学院所吸引，而吸引他们的，正是学院所表现出来的特定的社会属性。学院是一个自由的而不是压抑的地方，这是一个不可否认的事实，对于这一点，我已经举例证明过了。如果他们经常这样，那就绝对是致命的危险了，让每一个尚未成熟的年轻人面临这样一种危险的，不正是我们的学院吗？

威兰德博士进一步观察到，当一小群人聚集在一起，并且处于与周围的世界几乎隔绝的环境中时，他们内部就会不可避免地形成对某些特定行为准则的认同，并且会开始接受某些有关责任的特殊信念，这些准则与信念甚至会带有它们自己的特性，但并不会受到其他地方的人的承认。在本系列前几封信的讨论中，我曾经举过一个极好的例子来说明这个事实，我认为没有必要再去解释前面提出的命题的意义。可以这样说，在学院的规章制度中，那些善的人与对的事并没有得到崇高的荣誉，而那些坏的人和错的事也没有受到严厉的谴责。变得像绅士一样，比变得有道德好；变得慷慨，比变得公正好。如果我们的道德氛围是以这些教条的流行为特征的，那么长期生活在其中，真的能对性格产生一种健康的影响吗？年轻人熟悉的那些习俗，会让这些人变得更好或更幸福吗？这是非常让人怀疑的。

威兰德博士没有忘记提以下不利影响，年轻人之间总是会产生长期而持久的相互影响，这种相互影响又肯定会对他们的行为方式产生影响，几乎不会有什么例外的情况。对此，我还要增加一个方面，那就是对他们的谈话用语的影响，这一点经常被人注意到，因此，我认为它也可以被看作是不可避免的，在相同的情况下，他们的谈话用语可能会退化成粗鄙的言语，甚至有一些更糟糕的情况。我清楚地知道，即便没有特定类型的温室文化去发展与助长此类不良性情，尽管有最好的社会的一切纯粹之美的影响，那些人有时也会变得粗鲁、低俗。但是，我们的年轻人渴望的是高度有序的教育，我们没有理由、也完全没有必要让我们的年轻人受到坏的影响，这种坏影响或多或少会减弱他们的自然柔性，或者会破坏他们对于什么是真正的礼貌的感觉。

因此，每一个主张都来自事情的合理性，来自对健康、道德与行为举止的考量，这些似乎都在直接谴责我们国家的学院中流行的修道院式的管理制度，但是另一方面，我认为，几乎很难找到哪怕是一个实质性的去维护它的理由。有人说，对于学生来说，寄宿制比较便宜，但威兰德博士非常反对这种观点。也有人说，对于大多数公众来说，那些用他们的公共税收创建与维持的学院，无疑是需要极大投入的，威兰德博士同样证明了这一点。的确，像亚拉巴马大学一样，在一个学院里，仅仅是投资在宿舍上的资金总额，已经达到甚至超过了10万美元，这笔投资并没有带来哪怕1美元的收入，不管是租赁还是其他方式，不需要再论证就可以表明，如果宿舍是不必要的，所有这些完全就是浪费。就我们自己的事例而言，情况甚至比完全浪费还要糟糕。因为，这些建筑不仅没有给学院的财政带来回报性收入，还像抽水泵一样不断地从学院抽走资金，每个学期都需要几百美元的维修费用以维持它们的体面，保持基本的居住条件。有哪怕一个讲得通的理由来支持这样一个制度继续存在吗？大概只有一个理由，那就是现在如果想要尽快废除这个制度，我们还得损失一大笔资金。

1854年8月15日于亚拉巴马大学

10. 第十封信：对寄宿制的弊端的进一步审查

对寄宿制的弊端的进一步审查——它往往会把教育者的智力水平置于次要位置。有可能废除这一制度吗？

到目前为止，我认为，这些弊端都是美国学院中普遍存在的寄宿制造成的恶果，同时也是该制度给学生造成的直接影响的恶果。不过，在这个系列的前几封信里，我已经指出，学院管理成功开展的程度，与负责管理的行政领导的个性和性情有关。不过，现在看来，这种对领导人个性的依赖，几乎完全是由我们的学术团体的特定组织方式造成的，这一点很明显。而正是这种组织方式，产生了许多其他的缺陷。无疑，当前迫切需要做的就是，在挑选能够胜任学院教导职责的人时，要特别考虑那些不同于胜任知识传递的品质，或者是要让他能够通过他自己的声望，赋予他作为其中一员的组织以一定的特性。而且，不可否认的是，就其内在的重要性而言，后面的这些考量因素是最重要的。要成为一个好教师，一个人必须首先知道该如何去教，这是一个非常简单的道理。但是，这并不意味着，要想成为一个成功的学院教师，同样的素质也是最重要的。就对学院的贡献度而言，一个道德高尚的管理者或者导师，要经常与各种各样的人发生联系，如果一个人不具备协调的艺术、管理的能力，如果他不能够激发教员的干劲，贡献富有智慧的建议，那么，渊博的学识、流畅的语言、富有成效的发明成果、恰当的例证，并不会产生任何效果。无论在何种情况下，这些品质无疑都有着巨大的价值。在像我们这样的学院组织中，我们会很自然地把一位有能力的教师的性格，与他所拥有和习得的知识联系起来，但是，他们自身的管理协调能力与性格等才是最重要的，这一特性来自我们被迫承担的职责的本质及其重要性。

可以肯定的是，就成功这个词的一般意义而言，一个学院式的机构的成功，很大部分取决于它的行政管理者能在多大程度上考量它所受惠的社区，无论这位管理者的教育学科背景属于人文还是科学。一些最受欢迎的美国学院会把投入雄厚的资金，或者用于建造昂贵的大楼，或者用于立法捐赠，甚至用于建设图书馆、陈列馆与各种科学设施作为吸引众多既有兴趣也有意愿的学习者的亮点，但不管这些资金与设施多么重要，它们本身并不具备美德。如果担任学术教席的教师本人在道德上有问题，那么，仅仅靠知识所传达出来的吸引力，是无法吸引学生围绕在他身边的。那么，一个大学的内部机构，或者只是为了某一特定课程而服务的附属机构，都无法决定任何学院中的任何一群人究竟能在多大程度上获得人们的普遍认可，或者说究竟要花多少钱才能买到相应的认可。

因此，在挑选那些适合担任学院教学职责的职员时，首先要考虑的并不是要求他们承担的责任本身，而是要考虑他们的精神品质和成就、学识与演说能力，这些素质不仅会让他们在教室里显得能力十足、充满魅力，甚至会让周边居民在家常闲聊中也经常提到他们的名字。在管理委员会（Board of Governors）的管理下，学院可能会有一些职位长期空缺，学院的管理委员会也可能会设置一些新的职位。假设这个委员会在挑选那些出任这些职位的人选时，并不受上述想法的束缚；假设他们有能力提供足够高的薪水，以吸引我们国家最杰出的人才来学校服务；假设他们知道如何利用每一次空缺出现的时机，很自然地邀请全国各地有能力的人来竞争这个职位，那么，在这种情况下，他们完全能够找到那些有能力的人，包括那些普通人都知道其能力的人。

这样的人从来不会被埋没，当然，并不排除有些人的能力并不如预想的那么强。这样一来，受这些原则支配的各个机构之间会存在竞争，但这种竞争是体面的、有益的，它可以保证每一个机构都受到大众的欢迎，都能够得到公正并有鼓励性质的资助。一名学院行政管理者应该具备的首要素质，并不是他的才能，也不是他的学识，更不是他作为一个文人或者科学家所获得的良好声誉，而是管理青年的能力。我们这个人为的社会有自己内部的规定，在用它们进行管理时会产生各种复杂的问题，一个学院行政管理者应该具备的就是处理这些复杂问题的能力。当然，我们无法保证挑选出来的人一定能力非凡，也不能保证他们会始终靠周围社区对其名字和人品的熟知而获得支持。社区很可能根本就不了解他们，情况也常常是这样。因此，在某种困难的处境下，他们不得不同公众心中的冷漠作斗争，公众对他们的态度好比面对陌生人乞求同情时的态度。我并不会忘记，声望是随着时间不断提升的，当我们要打造一个非常有前途的学院行政管理者时，最好要保证他很年轻。但是在个体的脑力优势展现之前，年轻人是否有足够的时间去展示自身具有的学院管理者所必需的、对我们的系统不可或缺的品行适用性，我是存疑的。如果有年轻人具备这种品行适用性，我认为可酌情优先晋升。

在我们的学院制度中，一个学院的行政管理者必须承担的责任是非常艰巨的，而对担负这个责任的人提出道德要求是必不可少的，但是，在一个人因为智力上的优势脱颖而出之前，即使他的确有这个智慧，那么他有时间去证明自己在道德上足以担起这个责任吗？对此，我非常怀疑。我们专门为了开展学院教育而建起了大楼，并采取强制住宿制度，它的最大坏处就是，过多地限制了学生的选择自由。对选举委员会（Electing Board）的人而言，也限制了他们为他们所监管的学院挑选合适的行政领导的自由。由此可见，这个制度似乎真的没有什么优点值得推荐，而且，从另一方面看，对于我在前面几封信中努力表明的那些最重要的目标而言，我们发现了最后一个赞成完全废除它的有力的证据。

但是，假设这个强制住宿制度真的废除了，用什么来代替它呢？让我们的学生自己都像别人那样去周围社区的居民那里找住所吗？不管他们年轻还是年长，也不管他们住在哪里，只要能找到居所就行吗？如果是这样，他们就可能住到一个自己并不属于它的社区里。学院围墙为监督他们所有的行为举止设置了一个不可逾越的障碍。他们并不会受到公共舆论的影响。搬离宿舍，人类已知的强大的道德保护措施之一，对他们来说就不复存在了。我们已经看到，学院管理所认定的监督毫无作用。通过关闭宿舍，把我们的学生送回社会中，我们剥夺了他们享受自己的小宇宙的自由，重新把他们置于常规的社会控制之下。小宇宙的自由，这个表达突然流出我的笔端，有点类似于在我们的大都市中经常听到的另一个词：城市的自由。老实说，这个自由在今天到底是什么意思，我并不清楚；但是，它会不时地在市政当局欢迎来宾时出现，有时候还会伴随着一些浮夸的仪式。进入学院更多的是享受自由而不是限制自由，这是我已经说明了的事实。现在，如果说在证明这个事实上还缺少点什么，我们可以在下面的事实中找到新的证据：有时候，那些不是学生的年轻人，会通过他们的已经进入并开始享受这一自由的朋友，进入这个享有特权、充满魅力的小圈子里，并且暂时成为其中的一员，不过没有仪式，也没有任何公开形式的声明。这里可以避免他们遭受外部监视性眼睛的干扰，有时候，免责制度可能会影响到合法居住者的情绪，但在这里，他们不会受到任何干扰，对于任何可能偶尔出现的骚乱，他们随时准备着让骚乱变得更严重。在躁动的年纪，年轻人似乎很期待“让黑夜变得可怕”，一旦有机会，他们就会为那些喧嚣吵闹的表演增加一种特别的味道。我不知道其他学院的行政管理者将如何评价这种罪恶；但我知道，在有些地方，城镇与学院之间的关系或相互交往并不太融洽。同样，我不知道，按照我们国家流行的这个方案建立的学院，有哪一个会完全摆脱这种麻烦，但我深信，亚拉巴马大学已经深受其害。

我们应该关闭宿舍，让学生自己在周边的社区中寻找住所。当我这样提议时，我知道人们的反应会是如何。人们会说，无论这个补救方案在理论上多么可行，在大多数情况下，特别是在亚拉巴马大学，这个方案都是不切实际的。这不仅仅是因为，我们学院坐落在一个距离塔斯卡卢萨城（Tuscaloosa）[①]几公里之外的地方，还因为我们的董事会特别谨慎，特意把它设计成一个足球场的形状，与四周每一个方向都至少保持0.4公里的距离。这样，就赶走了那些想在学院周边建造房屋的人。当然，只要他们

① 美国亚拉巴马州的一座重要城市。——译者注

还有建造房屋的意愿，减少这段距离，就可以拉近与周边社区的距离；但是，到目前为止，任何当下已有的条款都不可能激发出这种意愿。我承认，我所提出的补救方案，只适用于我们学院的情况，只要把它的中心换成城镇的中心就可以了。废弃那些现在用作宿舍的建筑大楼，如果必要，拆掉它们，这些损失可以通过这种变革所带来的更大的收益得到弥补。事实上，根本就不存在什么损失，因为，正如我已经谈过的那样，这些宿舍并没有产生任何可以回报建造它们所花费的巨大资金投入的收益，而且每年还需要支出大量的费用去维护它们。但是，提议毁弃它们带来的损失，可能要比经济上的损失更大。学院大楼包括图书馆、实验室、礼拜堂、博物馆、演讲室，以及所有的自习室等，更别说学院行政管理者的住所，建造这些大楼都是为了学院的教育，如果放弃这里的建筑，就必须在一个新地方重新建造。这一点在多大程度上会让我提出的改革希望变得渺茫，我将在随后继续考察。

1854年8月16日于亚拉巴马大学

11. 第十一封信：改革亚拉巴马大学的试验方案

寄宿制必将被废除，但是废除的速度会非常慢。

学院管理中出现的大多数错误，不仅会对其所管理的年轻人的道德产生不良影响，有时候也会间接地干扰他们的行政管理者的思考，可能会让他们无视来自公众的要求。要纠正这些错误，就必须完全抛弃修道院式的或寄宿式的住宿方案。这是我在上一封信中所提出的补救方案，我坚持认为，这个方案适合于大多数学院。我承认，像亚拉巴马大学这样，当学院远离周围的社区时，两者之间的距离，会让这个方案变得非常困难。因为如果学院自身不再提供住宿，它就必须依赖周围的社区来为师生提供食宿。尽管学院与社区之间的距离可能只有一两公里，但一所地处偏远地区的学院，通常可能会因此而遭受巨大的财产损失，这种损失之大，可能会让我所提出的补救方案无法实施。我现在要探讨的问题就是，这种损失大到何种程度时，会让这个方案无法实施。我并不打算冒险去得出任何一般性的结论，我也不会评论说，一所具有极大吸引力的学校，通常会带给它所坐落的城镇多大的好处，当一所公立学院的董事会表现出强烈的放弃它的意愿时，建造新学院的费用并不会落在他们自己身上。事实上，就我所提出的这类试验方案而言，亚拉巴马大学试验起来具有特殊的优势。要进行这场试验，它甚至不需要立即舍弃它的宿舍。由于州议会的慷慨大方，本州首府以前非常气派宏伟的办公大楼，现在已经成为大学的资产了。经过几年的发展，这里的学生数量有了很大程度的增长，仍然由宿舍来提供学生的食宿已经很难做到了。一年前，董事会决定再造一幢大楼。为了开展这项工作，学院已经通过了自认为非常充足的预算，草拟了建设方案，准备了详细的说明，并通过公示广泛征集了意见。但所有的方案都超出了预算，结果导致无法签订合同。在去年7月的例会上，由于法定与会人数不足，董事会没有办法再讨论这个话题。但是，要满足学生额外的食宿需求已变得非常急迫，而且这种需求比以前任何时候都要急迫。

现在，我们已经在砖块和石料上耗费了15万美元，如果董事会再投入5万美元，用以修复州议会的大楼，使之能够服务于学院的需要，我们就不需要再投入另一个15万美元了。一开始，我们可以让高年级学生的一切活动都在这里进行。当然，高年级学生将不得不在城镇里寻找食宿之地。这就可以缓解宿舍的压力，偶尔还会让那些宿舍大楼成为“不受欢迎”的住所。这样一个小规模的试验，可以让年轻人直接受到公共舆论的影响，它对年轻人的限制，要比学院教员对寄宿生的限制更有效，又不会对任何人产生不利影响。这样做，至少可以节约10万美元，这些钱，现在又要被毫无利润的投资黑洞所吞没了，而它已经永久性地吞噬掉好几万美元了。

如果这个试验的结果被证明是令人满意的，我毫不怀疑，接下来，低年级学生也会以同样的方式被转移到城市里来。最后，要把所有年级都搬到城里来吗？我想，这就要取决于城镇里满足他们食宿需求的方式了，而校园里的建筑也就无足轻重了。就有关教学的各个目的而言，州议会大楼经过改造以后，也可以提供充足的住宿和其他设施，事实上，非常显著的是，它为图书馆以及除了天文学研究之外的所有物理科学研究提供的设施，要比大学校园里的设施所能提供的更好、更便利，尽管后者是专门为物理科学研究配置的。

在此，针对亚拉巴马大学的情况，我要提供一个明确而具体的方案。现在，亚拉巴马大学已经陷入了一个坏制度的泥潭之中。由于大学董事会很快就会再次举行例会，他们无法回避如何缓解宿舍压力的问题。在他们决定将亚拉巴马大学置于比现在更混乱的境地之前，我特别恳请他们关注我的这个提议。

似乎是在很偶然的情况下，我们得到了废弃的州议会大楼，这使我们得到了一个完整的救济方案，以摆脱我们大学当前的困境。但是，许多和我们处境相似的学院，并没有这样的优势。值得探讨的是，我们和它们，最初是如何陷入这样一种境地的呢？

很明显，很多处境相同的学院，都是基于一些相同的选择原则来行事的。为什么会这样呢？这个原则又是什么呢？我们发现，第一，我们国家的许多学院都位于内陆的僻静之地；第二，它们从不选择任何一个社区的中心，甚至不选择小乡村的中心作为校址，而是把校址设在距离这些中心相当远的地方，步行时间往往超过一个半小时。很明显，这曾经是它们的共同方案，并且可以清楚地将之追溯至对危险诱惑的恐惧。选址的那些人认为，在人群聚集成社区的地方，有很多诱惑在等待着年轻人。城镇越大，诱惑也越大。因此，首先要坚决避开大城镇。在小城镇和乡村里，也存在着诱惑，因此，小城镇和乡村也以同样的方式被排除了。但是，如果切断了与同胞的交流，年轻人和他们的教导者的生活都会有很大的不便，所以，城镇化不发达的社区是可以容忍的。保持这样一个便利的距离，即使有任何引诱年轻人偏离正轨的诱惑，这些年轻人也可以毫发无损地找到出路，并且非常满意地享受这种有力的保护，因为他们知道，他们的导师和守护者就在一两公里之外。事实上，人们会发现，所有这些推理，从开始到最后，都是基于对这个世界的错误印象的。通常，大城市的诱惑并不会腐蚀大城市的青年，乡村的诱惑也不会腐蚀乡村的青年，没有什么比这一点更真实的了。大型情节剧的海报贴满了莫比尔的皇家大道，莫比尔的小伙子在上学的路上并没有受到太大的影响。熟悉带来的是轻视、冷漠和无视。所有其他假想出来的痴迷在本质上也是如此。同样，来自国外的年轻人，被送到商业城市就会走上贸易之路，尽管他们完全可以自由地以自己喜欢的方式打发空余的时间，他们并不会比我们最封闭的学院里的学生更容易沾染当地的坏习惯。有很多事实进一步表明，在那些地处城市、没有宿舍的学院里，实际上不守规矩和花天酒地的现象反而更少，而在那些地处乡村的学院里，则会经常听到此类抱怨，这些学院的制度都有一个特征，就是强制学生居住在学院的建筑大楼里。在纽约的哥伦比亚大学和城市大学里，以及根据威兰德博士的说法，在苏格兰的格拉斯哥大学和爱丁堡大学，情况都是如此。

因此，很明显，我们把学院里的年轻人的道德安全，诉诸这些学院所处的地方，并且认为提供满足学生食宿需要的宿舍是绝对必要的，这种观念是错误的。要对这样一个制度进行变革，就必须改变学院的校址，否则，这种改革根本不可能完成。在很多情况下，错误已经产生了，资金也已经浪费了，在我看来，这些在目前都无法补救了。但是，我们仍然希望可以更明智地采取一些亡羊补牢的预防措施，停止继续那样去做，或者至少不要在如此大的范围内去做。无疑，我们更期待的是，所有的学院，哪怕是许多已经不幸陷入此种境地的学院，都能够更早地进行变革。渴望变革的信念还不够普遍；即便信念已经普及，也不会马上就有进行变革的举措，改革的目标也不太可能会真的实现。很明显，改革最需要做的工作，一定是需要时间的工作；不仅需要时间，而且还需要很长的时间。或许我们可以期望它会以下面的一些方式得以实现。随着人们知识的增加，那些准备废除修道院式管理制度的学院，以及那些还没有采取这种制度、正在筹备设立的新学院，一定会比其他学院得到公众更多的支持，随后，为了维持它们在争取公众支持上的同等竞争力，其他学院会一个接一个地被迫进行改革。因此，渐渐地，变革就很可能成为一条出路，而那些不改革的学院，除了不断萎缩和消失之外，再也没有第二条出路。这场变革可能要花上一个世纪的时间，但是，它一定会实现的，对此，我深信不疑。

威兰德博士对这一问题的看法是非常有远见的，从他向世人表达这个观点算起，已经过去12年的时间了。他的小册子，有效地阻止了我们国家在学院建筑上的大量经济损失，否则，我们会因此后悔不迭，这一点毋庸置疑。但是，经常有证据表明，现在仍然有一些学院在做这一类事情，这说明，对这本非常有价值的书的研读，还很不普遍。有一些权威人士，在这一类问题上比我更有发言权，如果我对这些信件的介绍能够引起某些权威人士对威兰德博士的关注，我付出的心血就没有白费。

1854年8月17日于亚拉巴马大学

12. 第十二封信：大城市作为知识中心的优势

结论：大城市作为知识中心具有优势

我已经表明了我的看法，让我们众多的学院校址远离大城市的决定，根本没有任何实质性的基础，几乎完全忽视了这些城市作为知识传播中心具有的那些优势。如果不指出这些优势，对这个主题的讨论就是不完整的。刚才提到的一个小的好处是，它们可以为学生提供便利的食宿，尽管我在论证中第一个谈的就是食宿问题，但在我看来这并不是最重要的。还有一些问题是明显不容忽视的，但事实是，在大多数情况下它们很有可能被人们所忽视。其中有些问题，会影响到教育年轻人的机构自身的繁荣和作用，到目前为止，人们仍然相信，学院的创建者们从一开始要考虑的，就是“退回乡村”所带来的道德上的安全，但这种安全是想象出来的，而他们根本没有考虑到学生的健康问题。为一所大学选择校址，首要条件之一就是，避免那些经常暴发传染病或流行性疾病的地方。除此之外，还要考虑该大学旨在带给其好处的那些人（即学生）的便利，考虑当地的环境究竟会促进还是妨碍该大学自身的运行。

对于那些住在学院周边的家长来说，他们所能享受的好处，远远大于那些被迫把孩子送到离家很远的地方的家长，因为他们的孩子在受教育的同时，并不会摆脱家庭关系的影响，这一点是没有人会否认的。特别是如果他们只能把孩子送到离家很远的地方，他们就只能把他们的孩子局限在一个人为打造的社会中而别无选择。在谈论学院管理的不足时，我已经努力指出了它的不良影响，它所提供的是一个充满了各种限制的地方。当一所学院退回到乡村时，学院的人数相应地也会减少，对于某些人来说，这种局限反而是一个可以利用的巨大优势。因此，退守乡村要付出的代价很大，即便只是从它对年轻人的道德的影响来看，代价也很大。一个年轻人在自己家里会被家人带有监督和担忧性质的关心所包围，即便学院管理能够实现全部目标，也无法替代这种关心，更何况我们现在已经看到，学院并不能真的实现它的全部目标。我还想说的一点是，让孩子到离家很远的地方接受教育，会大大增加家庭的经济支出，这一点也非常重要，甚至会直接决定他能否享受到学院教育所带来的好处。

很明显，在一个大城市里，通常会有很多学生与他们的父母住在一起。在这些城市周边的村镇，人口密度很大，很多学生住的地方都离家很近，因此，他们多少都会受到家庭的各种影响。不仅这些学生自己会因此而受益，而且在某种程度上，他们也可以潜移默化地对整个家庭群体甚至社会群体产生积极的影响。即使有些人几乎只关注他自己的福利，他也可能会偶尔观察一下这些年轻人，如果在这些年轻人身上出现懒散、爱搞恶作剧等不良行为的苗头，人们能够很快发现。仅此一点就会大大削弱下面这一主张的力量，即退回乡村最有利于让接受教育的年轻人保持良好的道德。基于这一考虑，我强烈建议选择人口稠密的城市作为知识传播的中心。

我这样讲，好像忽略了支持乡村建校的一个前提假设（这一假设不断地被提出），即它的宁静有助于思考，有助于抚慰心灵，让学生进入最适合学习的状态。我是不会犯这个错误的。至少我不会否认，对于思考的专注度而言，平静是必要的。但如果认为在大城市中，就不能找到它所需要的那种平静，这样的假设我不能接受。如果说针对在空旷的街道上学习这个主张是有分量的，那么在质疑我们面对的事实时它并不具备这种分量。耶鲁学院、哥伦比亚学院、纽约学院的学术大厅，要求待在里面的人们保持安静，亚拉巴马大学的学术大厅同样如此；伦敦塔的大本钟所发出的震耳欲聋之声，并不会穿透大英博物馆的壁龛，也不会打扰在其巨大的图书馆宝库中畅游的、有耐心的读书人的研究和沉思。

当一个学生从乡村回到大城市的街道上时，各种喧嚣声会充斥他的耳朵，会让他忘掉他所学习的科目，这种环境容易让他分心，不利于他的学习。但这样也有好处，一直在学习的学生会迷失学习的方向，始终处于高强度工作状态的肌肉也会逐渐萎缩。让休息时间真正成为休息时间，才能给大脑补充精力。

而且，与小城镇相比，大城市作为知识传播的中心，同样也有优势。因为大城市会把知识传播机构设在更容易让所有人看到的地方。在某个时间，在一个州里，几乎每一个公民都会去参观它的主要城市。在这些城市里，一个家庭的父亲，会兴致勃勃地去参观他准备让他的孩子接受教育的大学；每一个人，不管是否怀着这样的动机，都会很自然地把它列入陌生人最值得注意的事物之中。来自全国各地的人，会因此而熟悉这所大学本身，熟悉那些它的管理者。只有这样，它才会在他们的想法中占据更大的分量。他们会学着为它的声誉而感到自豪，而大学本身的声誉也会因为人们更加熟悉它而不断提升。它的公共展览所能聚集起来的观众，同样会比乡村能聚集的人更多、更具有智慧，而那些作为表演者参加的年轻人，也会非常明显地感觉到，他们需要取悦的是一群更具鉴赏力的观众，如果他们的努力成功了，就会让他们赢得更大的声望。他们的抱负会因此被激发出来，自然也会带来更出色的效果。

此外，把学院设在人口稠密的城市中，还可以得到其他一些重要的好处。如果要变成权威，学院中作为文化人与科学家的教授们得有一定的声望，这种声望是仅靠日常基础教学中的能力或成果无法赢得的。但是，如果他们坚持学习，他们一定会获得自己过去的知识劳动所积累的成果，目前，这些都只能在大城市的图书馆中才找得到。我这样讲，并没有忽略两个事实：第一，我们国家的公共图书馆的数量的确还非常少，虽然我们已经有足够的理由为此而感到骄傲；第二，所有的学院都拥有或者打算拥有它们自己的图书馆。但是，关于第一点，可以肯定，我们最好的图书馆总是（或者大多）在我们最大的城市里；而关于第二点，不管特定学院的图书馆现在或者以后会有多大的价值，无论何时，在所有图书馆中，只要一个小型的图书馆就足以满足一个深邃的学者或者哲学家的需要，这种假设明显是很荒唐的。如果一个人被剥夺了研究所需要的必要设施，不管多有天赋或多么努力，他都不可能进入权威人士之列。因此，如果给予我们的学院领导们以机会（我并不是说所有的领导都会得到提升)，如果给他们成为有声望的杰出人士的机会，那我们就应该把他们置于这样的环境中，让他们能够使用国家能够提供给他们的各种便利设施。

除了这些之外，我们还要考虑到，要阐明大自然的各种规律，就必须利用很多精致、昂贵的仪器设备。而昂贵的仪器设备，往往会时不时地出些问题，让那些粗心的或缺乏经验的人去修理它们，既不明智也不安全。事实上，在荒凉的村镇，很难找到能够修理这些物件的手艺人，甚至是它们的日常使用，也需要经过特殊的训练、具备特定的技能的人。把它们送到外地，又需要费用和时间，更不要说在道路上的运输风险，这种风险很大，甚至总是会造成比要解决的问题更严重的损害。在较大的城市里，人们可以找到各种仪器的制造者；或者至少可以找到一些类似制造者的人，他们拥有的某一项技能，可以确保他们能够相对安全地接受修理仪器的委托。这一点在实践中非常重要。为了减少事故，我知道有些仪器被长期搁置在一边而没有投入使用；在另一些情况下，我也了解到，它们会因为人们操作不熟练而被损坏到无法修理的程度，或者当条件并不具备的时候尝试使用它们，结果导致它们很快就无法使用了。

远离大的贸易市场，还有一个很明显的劣势。尽管每个人都很小心，但在学院的班级中，日常使用的教科书也会偶尔被损坏，这似乎是不可避免的。讲了那么多缺点，再来讲这一点似乎是微不足道的。但这个问题会造成极大的不便，在很多情况下，如果不是我亲眼见过并且感觉到了这种不便，我就不会谈到这一点。我曾经见到过，教科书完全不需要通过书商购买，而是学院自行配置，但没有任何明显的改善，似乎没有什么日常的预防措施完全能够避免出现这种状况，这就是我这样说的理由。在这种情况下，所有的问题都在亚拉巴马的腹地出现了，这种供应所需要的距离、大海的危险、河流的不确定性、陆地运输的不便，一起打败了“最聪明”的人类“有远见”的安排，这种情况非常常见。乍看之下，这似乎是所有问题中最不让人恼火的一个，但它会让一所学院长达几个月处于一种极度尴尬的境地中。

这些原因加在一起，让我非常确信，不管乡村看上去多么有吸引力，在选择一所学院的校址时，应该优先考虑人口稠密的城市，而不是乡村，而且，除了健康的理由之外，再也没有别的理由可以让我们放弃这种优先选择。当我们考虑到，在人类的发展过程中，小城镇也可能会变成大城市，这在我们国家可能性更大，一个大的知识传播中心的出现，会特别刺激到小城镇的扩张，这时，小城镇就会变成大城市；郊区会不断地被吞噬，并且最终会随着它所在城镇的扩张而消失；很明显，乡村和小城镇所拥有的封闭与保守等优势，都只是人们设想出来的，而人们最初特别看重的这些优势，也只能在一段极短的时间内保证年轻人可以享受到。

现在，我大胆地提出了这样一个方案，来应对我在这一系列信件中所提出的问题。在写这些信的时候，我并不想要为亚拉巴马大学的现状进行辩护，也并不期望它们会成功地敦促学院去变革它的各种特性，但我认为，尽管公众对于学院存在一些错误的印象或观念，而且这种印象或观念长期而广泛地存在着，但只要能够纠正它们，学院的这些特性都是可以改善的。即便我未能成功地做到这一点，我对此也深信不疑，我所做的已经足以促使公众去进行反思，甚至促使一些能力出众的人更加彻底、全面地去考察整个问题。

1854年8月18日于亚拉巴马大学

二

出任哥伦比亚学院校长的就职典礼

（一）前言

1864年3月，在哥伦比亚学院董事会的例会上，哥伦比亚学院的校长、法学博士查尔斯·金（Charles King），向董事会递交了他的辞职信，内容如下。

致哥伦比亚学院董事会主席，令人尊敬的汉密尔顿·费什（Hamilton Fish）先生：

我亲爱的汉密尔顿·费什先生，为了践行我昨天在董事会会议上宣布的辞职一事，现在我正式辞去哥伦比亚学院校长一职，该辞呈最迟将于7月底举行学生毕业典礼时生效，最早则可以在学院认为适当的任何一天。

早在很多年前，我就被告诫需要休息。我也确实觉得，校长的日常责任和事务性工作对我而言正变得越来越沉重。

因此，我决定离开工作了15年的这个岗位，在过去的15年里，这个岗位的工作让我感到无比的满足与自豪。对于您和董事会的各位先生在私人以及工作关系中给予我的那些理解与支持，请允许我向你们表达我最衷心的感谢。我向你们保证，我将一如既往地关心你们、尊重你们。

你们的公仆

哥伦比亚学院校长查尔斯·金，

于哥伦比亚学院校长办公室

1864年2月2日

宣读完这封信后，董事会通过了如下决议。

决议

董事会接受了金校长的辞呈，该辞呈将会在本学期末学生毕业典礼结束后生效，董事会将任命一个三人委员会妥善处理金校长辞职的后续问题。

董事会任命的三人委员会的成员分别是波特主教（Potter Bishop）、布莱弗德先生（Mr. Bradford）与拉格斯先生（Mr. Ruggles）。

该委员会一经任命，就开始筹划金校长辞职后校长职位空缺的解决方案，在4月4日举行的董事会上，波特主教做了如下汇报：

鉴于金校长的辞呈，董事会任命我们组成三人委员会，负责筹划一个妥善的解决方案，现在正式将以下说明与解决方案提交给董事会，以供商讨：

我们的老朋友，多年来一直受人尊重的查尔斯·金校长，向董事会递交了辞呈，要求辞去哥伦比亚学院校长一职，理由是他早在很多年前就被告诫需要休息。他也感觉到，校长的日常责任和事务性工作对他而言正变得越来越沉重。

董事会认为，多年来，金校长一直尽心尽力地在各方面服务于学院，现在我们无法拒绝他提出的辞职请求，因此，董事会决定接受金校长的辞职申请，该申请将于本学期结束之际生效，具体时间，将在与校长交流意见后另行决定。

金校长在其任期内的工作是卓有成效的，哥伦比亚学院搬到了现在这个好地方，并且，它的教育体系有了极大的拓展，教学设施与环境有了明显的改善，学生数量有所增加，重要性与影响力也随之提高。

本着坦率、慷慨、高尚、真诚的精神，即将退休的金校长与董事会一直保持着非常礼貌而友好的工作关系；就私人关系而言，我们之间的交往也非常愉快。

有鉴于此，哥伦比亚学院的董事们经过慎重考虑，接受了金校长的辞职申请。他用饱满的热情与卓越的才干，在这一岗位上尽力为学院的发展争取最大的利益，对于他的努力与付出，董事们一致地向他致以最崇高的敬意与最诚挚的谢意。

哥伦比亚学院的董事们衷心地希望他们即将退休的金校长永远健康，永远幸福，并真诚地祈盼还能继续与他一起，为了最大程度地促进教育事业的发展而贡献自己的智慧与力量。

经过董事会主席与成员的确认后，这些说明与决议将会转交给金校长。

董事会已经通过了这些说明与决议。

在5月18日举行的董事会例会上，董事会已经决定要举行学院下一任校长的遴选。遴选工作开展得很顺利，我们邀请神学博士、法学博士弗里德里克·奥古斯都·波特·巴纳德来担任下一任校长，并且巴纳德博士已经接受了这一邀请。他的回信如下。

致纽约城哥伦比亚学院董事会办事员威廉姆·贝茨先生（William Beits, Esq.）：

您在18日发给我的通知我被董事会选为哥伦比亚学院校长的公函已经收到了。

这是董事会给予我的莫大荣誉，对此我备感荣幸，我很乐意接受这个职位。我希望自己能够切实地就任，并承担起应负的职责。在某种程度上，我也非常高兴能够推动贵学院的发展，从而促进整个国家教育事业的进步。

如果能够与您所说的委员会进行磋商，我将非常乐意，不胜荣幸。

此致

敬礼!

您忠心的公仆

巴纳德，

于华盛顿特区

1864年5月20日

6月6日，董事们通过了以下决议，并将之提交给了之前任命的筹备委员会，该委员会的成员有神学博士本杰明·海特牧师(Rev. Benjamin I. Haight, S. T. D)、法学博士威廉姆·贝茨(William Betts, LL. D)、医学博士亨利·安德森(Henry J. Anderson, M. D.)、律师爱德华·约翰(Edward Jones, Esq.)与神学博士摩根·迪克斯(Morgan Dix, S. T. D)5人。

决议

在即将召开的毕业典礼结束时，董事会将向学院宣布，令人尊敬的弗里德里克·巴纳德博士不负众望，光荣当选为哥伦比亚学院的校长，董事会将邀请他出席此次大会，并将学院的管理权正式授予他。巴纳德博士的正式上任定于秋季学期的第一天，即10月3日，从那天起，他就将开始履行校长的各项职责。当天，前任校长将把学院的钥匙交到新校长手中。

（二）就职典礼上的致辞

1. 金校长的致辞

董事会的成员们，我长期相伴的同事们，我年轻的朋友们，学院的毕业生和在校生们，现在，这一刻到来了，这将是我作为学院的校长，与你们最后的告别。

在工作了15年之后，我已经到了需要退休的年龄，董事会愉快地接受了我的辞职，并任命弗里德里克·巴纳德为我的继任者，在此，我很高兴地介绍他与你们认识。不得不说，这里还有很多我难以割舍的联系与责任，它们对我还有很大的吸引力，因此此次卸任还是留有很多的遗憾。好在我们在过去的交往中的那些和谐而美好的回忆，以及期待我们未来仍能延续这份友谊的希望，能够多多少少减轻这份遗憾。

对于董事会的先生们，我非常感谢你们对我在任时给予的支持，也包括你们给予我的包容与信任。还有我最尊敬的教职员工，我现在可以讲一些以前不被允许讲的话，拥有这样一支教师队伍，我们的学生很难再有什么借口为自己的各种不足去开脱，校长也很难有什么借口为自己工作方面的欠缺而开脱，因为教师们的热情与聪明才智大大减轻了学生和校长的负担。就我的经验而言，帮助学生获得知识，养成积极追求荣誉与真理等品质，是非常值得尊重、令人兴奋的事儿，除了教职员工，我们还能把这样一种重任托付给谁呢？

但前进的道路并非一帆风顺，毫无困难。与其他地方一样，不管是对于教育者还是对于学习者而言，人性的各种弱点依然会显现出来。但是，抛开其他方面不谈，这所学院的校长与学生之间的关系，必然从属于一种崇高的抱负与愿望。我只说这所学院，因为这是我能够判断的，因为我尊重我们的制度，在这个制度中，家庭的约束与关爱，与学院的教学和训练配合得很好，令人羡慕，它可以为慷慨的本性与遵守秩序的性情提供最好的受教育机会。

我要说，现在这个毕业班的进步简直神速。我感到非常荣幸，这将是我最后一次向世界做证，这是一群名副其实的哥伦比亚学院毕业生。事实上，可以说，我在任期间，没有哪个班级能够超过他们。我希望，在进入生活这个大战场之际，你们所有人都能够全面展现出自己的男子气概和聪明才智。

即便离开这所学院，我也不会让自己置身于那些与我有关的人的福利与利益之外，我不愿这么做，也做不到。我个人会一如既往地关注我们的毕业生的进步，会为那些让他们感到自豪的友谊而感到高兴，而这些也会让我们的学院更加繁荣。年轻的朋友们，我祝福你们，再见了。

现在，巴纳德先生，您就要继任我即将卸任的职位了，我谨向您表示我最真诚的祝贺。对于一所大学的行政首长的职责，您已经非常熟悉了，因此，我无须也不会放肆地用任何方式提醒您注意这些职责的本质。您之前在其他学院的成功，无疑将会是您在本校成功的保障。

不过，请允许我向您表明您将要接手的这所学院的卓越之处，同时，也请允许我向您表达我对您的信心。您的能力、成就与经验是有目共睹的，我相信您将带领这所学院取得更大的成就。

因此，现在，我把我的职位交到您的手里，我把学院的特许状、章程与法典交给您，我以董事会的名义，并根据董事会的授权，欢迎您成为哥伦比亚学院的校长，请允许我把您介绍给学生和参加今天这场盛会的来宾。

2. 巴纳德校长的答谢

校长先生，长期以来，您的任职是非常成功且令人尊敬的。现在，您选择卸下这份责任，而哥伦比亚学院的董事会认为我是您的合适的继任者，他们选择了我来接替您的职位，对于这份沉甸甸的责任，我在接受的同时也满怀信心。您在教育界长期而诚恳的劳动，为您赢得了现在的名声，这是对您非常公正的回报。尽管您选择了退休，但我非常确信的是，所有哥伦比亚学院的朋友都真心地为您的退休而感到遗憾，大家都真诚地希望并祈祷，您能够在随后的退休生活中永远健康。尽管我有信心胜任您的这个职位，但我也感受到了这项事业的难度。

如果说您的好意促使您毫不怀疑地认为我会取得成功，无疑，那主要是因为我会得到那些您非常熟悉且能力出众的同事的建议与配合，并且我会得到一个开明的董事会的支持与鼓励，这些董事时刻关心着这所伟大的学院，他们从来不曾放松警惕，也从来不会失去热情。

无论如何，我在这里会得到很多鼓励，至少我会遇到一群渴望知识的年轻人，他们会受到高贵而慷慨的情感的激发，会因为绅士般的风度而与众不同，会沉浸在对文化的纯粹热爱之中。

在这种情况下，有了上述有利条件的支持，我相信，哥伦比亚学院会一如既往地继续做一所孕育良好学习成果的暖房，会坚持成为一所进行完备心智训练的学院。我相信，它会继续培养学生对于古典文学的纯粹的热爱，甚至会比以前更努力，这一点已经被看作是精湛的学术研究不可或缺的基础。同时，它也会不断地开辟通往更丰富的科学宝库的道路，科学正在以一种不知疲倦的精神对大自然进行直接的、现代式的研究。我相信，在牢牢把握过去所积累的良好知识的同时，它也同样会注意到当前已经兴起并正在展现出辉煌前景的知识领域，甚至会作为一个积极参与者而在那些伟大的进步运动中赢得一席之地，这些运动极大地拓宽了人们的视野，并把人类自身在整个自然界中的地位提到了一个更高的水平上。为了确保能实现这些愿望，我非常渴望能够始终得到大家的指导。单凭我自己明显是不够的，为了尽可能取得成功，我需要你们这些声名卓著、能力出众的先生与我一起努力。

在这里，请大家允许我再多说一点。来到这所城市生活，我并不觉得自己是一个外来者。我充满活力的生活[①]正是从这里开始的，尽管我曾经有很长一段时间待在其他地方，但我的心从来没有离开这里，早些时候的那些联系让我对它感到非常亲切。最终我又回到了我的这个起点，我感觉自己就像一个长期离家的游子重新回到了家里一样。

今天的集会时间虽然很长，却很有意思。我想我已经耽搁大家太多的时间了，因此，请允许我用最深的敬意来结束我今天的演讲。我非常感谢你们，校长先生，董事会的先生们，教职员工们，这所学院的毕业生们与在校生们，以及你们，这座伟大城市的市民们，谢谢你们。

① 指作者青年时期在纽约求学的生活。——译者注

（三）就职典礼

1. 典礼程序

1864年10月的一个星期一，哥伦比亚学院举行了建校110周年的校庆，这一天也是该学院的第十任校长巴纳德[①]受命就职的日子。董事们在图书馆接待了来自文学院、法学院与医学院的教职员工们，来自矿业学院的教授们，以及校友们和那些特邀嘉宾。校友联合会的秘书、法学博士派克（Peck）与万·杜泽（A. I. Van Duzerr）教授担任主持人，12点整，他们引导来宾依次进入礼堂，来宾入场顺序如下：

（1）董事会主席与新当选的校长

① 巴纳德博士于1828年毕业于耶鲁学院，并在1830—1831年在该学院任教。1837年，他成为亚拉巴马大学的教授，并在那里工作了17年，先后教授数学、自然哲学、化学、自然发展史等课程。1854年，他被密西西比大学聘为数学系与自然哲学系的教授，并于1856年成为该校校长，1861年成为该校名誉校长。耶鲁学院曾授予他法学博士学位，密西西比大学曾授予他神学博士学位。——原文注

（2）哥伦比亚学院前校长①与作为见证人的名誉教授

（3）筹备委员会带领下的学院董事们

（4）美国各级政府部门的代表们

（5）纽约州立大学的理事们

（6）三一教堂（学院的第一批慷慨的资助方）的教区长、教堂管理人与教区委员们

（7）学院附属教堂的牧师

（8）文学院的教职员工与图书管理员

（9）医学院的教职员工

（10）法学院的教职员工

（11）其他教授们

（12）校友联合会的主席与主要职员

---

① 下面是哥伦比亚学院自建校以来历任校长及其在位时间明细：

萨缪尔·约翰逊（Samuel Johnson），神学博士、法学博士，1754—1763，卸任。

迈尔斯·库珀（Myles Cooper），神学博士、法学博士，1763—1775，卸任。

威廉姆·萨缪尔·约翰逊（William Samuel Johnson），法学博士，1787—1800，卸任。

查尔斯·沃顿（Charles Wharton），1801—1801，神学博士，卸任。

本杰明·穆尔（Benjamin Moore），1801—1811，神学博士，卸任。

威廉姆·哈里斯（William Harris），1811—1829，神学博士，辞世。

威廉姆·亚历山大·杜尔（William Alexander Duer），法学博士，1829—1842，卸任。

纳撒尼尔·穆尔（Nathaniel F. Moore），法学博士，1842—1849，卸任。

查尔斯·金（Charles King），法学博士，1849—1864，卸任。

弗里德里克·巴纳德（Frederick A. P. Barnard），神学博士、法学博士，1864—

——原文注

（13）兄弟学院的校长们

（14）兄弟学院的教职员工们

（15）哥伦比亚学院的校友们

（16）教士们

（17）文学、科学与艺术协会的职员与代表们

（18）其他特邀嘉宾

（19）学生们

在小礼堂里，董事会主席、新当选的校长、前任校长穆尔（Moore）与金（King），董事们、校友联合会的会长以及一些年长的校友与特邀嘉宾在前台就座。在他们面前的是几个学院的教职员工。在学院的风琴手威廉姆·瓦尔特先生（William H. Walter, Esq.）的风琴演奏结束之后，学院的牧师、令人尊敬的科尼里克斯·达菲（Cornelius R. Duffie, A. M.）从《公祷书》（*The Book of Common Prayer*）中选取了几段合适的祈祷词，读了一节《圣经》的经文，并提供了一份适合这个场合的祈祷文。

首先，新当选的校长由董事会主席、令人尊敬的汉密尔顿·费什博士引导就职，并从费什手中接过了学院的钥匙与特许状，在校长席就座。

然后，由奈恩（Nairne）教授宣读来自几个学院的教授向校长的致辞，由校友会会长安德森（Anderson）博士宣读来自校友会的致辞。

接着，校长发表了他的就职演说。

随后是唱赞美诗，这首赞美诗由1820级的一位学生——法学博士威廉姆·贝茨创作，出席庆祝会的众人用伟大的精神高唱。

在祷告声中，尊敬的校长宣布小礼堂的仪式结束。

最后，校长和董事们在校长的住所接见了教授们、校友们和特邀嘉宾们。

2. 董事会主席汉密尔顿·费什的欢迎辞

董事会主席、法学博士，令人尊敬的汉密尔顿·费什[①]，对巴纳德校长致欢迎辞。

巴纳德博士：

这所古老学院的管理层，经过认真的投票，怀着一致的热情，请您出任该院的校长，填补因能力突出、成绩卓著的上一任校长辞职而留下的空缺。我们在此集会，是为了完成您的就职典礼，我要把这所学院的钥匙，连同一份特许状的副本，作为这个职位的象征移交给您。

任职期间，会有一位职员成为您的助手。他的经验非常丰富，其能力、学识与成就在几个科学与艺术学部中是公认一流的。为了促进学院的发展，促进教育与知识的进步，您所采取的各项措施，都会得到整个学院衷心的支持与理解。

我们把这一群有天赋的年轻人托付给您照看，现在，他们是人们关心、爱护与骄傲的对象，未来，他们将是人们深远而迫切的希望，他们准备接受生活严酷的考验，并且很快会成为世界大舞台上的主角。我们代表他们这个群体，也代表他们每一个人，请求您用精心的看顾、严格的监管，当然也要用您的爱，去训

① 令人尊敬的汉密尔顿·费什，于1827年从哥伦比亚学院毕业。1843—1845年，为纽约市在美国国会的代表。1847—1851年，先后当选为纽约州的副州长、州长。1851—1857年，成为纽约州在美国参议院的议员。1850年，哥伦比亚学院授予他法学博士学位，1859年，他当选为该学院的董事会主席。——原文注

练、教导、劝诫并且约束他们：

趁他们年纪尚轻，心智未熟，及早开启他们的教育之旅吧。[①]

我们学院得到了很多的捐赠，拥有大量的土地与财富，但这些年轻的先生才是学院最宝贵的财富。

我们满怀希望与热情，把他们托付给您来照料，我们非常珍惜他们的前辈们所具有的那种强烈的自豪感，到目前为止，他们的前辈们已经从这所学院的教育与训练中取得了很大的进步。

今天，和我们一起出席这场庆典的只是其中的一部分人，还有一些人也在其他地方积极地参与其中。我非常高兴，情不自禁地要表达我的赞美。我相信，当我们提到那些把他们的天赋与成就全部贡献给了这所学院的人的名字时，没有人会感到愤愤不平。

与您同席而坐的人中，在您的右边，是可敬的牧师麦克维（McVickar），他非常虔诚，学识广博而深厚，他为这所学院的教学富有成效地辛劳了近半个世纪。

在您的左边，是安东尼（Anthony），他几乎是用了同样长的时间为提升学院的声誉而努力，他精通古典文学与古典学术，并使之备受欢迎。

在另一边，是德里斯勒（Drissler）与万·阿姆瑞吉（Van Am Ringe），虽然他们很年轻，在学院里工作的时间也比较短，但是他们所取得的成就非常大，非常突出，是耀眼的明星。

数学教授安德森能力极强，极为优雅，虽然他现在不是学术委员会成员了，但依然在为这所学院服务。伦威克（Renwick）教授已经退休，但是人们对他授课的记忆依然鲜活，每当学院细

① 原文为拉丁文，典出诗人维吉尔的《农事诗》（*Georgics*）。——译者注

数那些杰出的毕业生的名字时，人们仍然会提起他。

还有一个为大家所深爱且尊敬的人，他的出席让这里蓬荜生辉，他是从校长职位上退下来的、目前健在的最年长的前辈，他就是法学博士纳撒尼尔·穆尔（Nathaniel F. Moore）[①]。他非常博学，现在，他带着岁月的痕迹，怀着热爱与理解，回到了这里。

他所有的学生，所有那些尊重知识、成就、美德与尊严的人，都非常热爱他。80多年的岁月，丝毫无损他的乐观，没有削弱他的力量，也不曾减少他对文学与科学的兴趣。他是真的做到了“活到老，学到老”。

在独立战争时期，我们的学院还叫“国王学院”，学生还很少，杰伊（Jay）、利文斯通（Livingston）、莫里斯（Morris）、本森（Benson）、汉密尔顿（Hamilton）、万·考特兰德（Van Cortlandt）、褚蒲（Troup）、罗格斯（Rutgers）、威利特（Willett）、杜安（Duane），这些名字证明我们是有理由骄傲的。不管是在制宪会议中还是在战场上，我们学院的学生都做出了突出的贡献，他们在主导并促使美国独立的重大历史事件中影响巨大，在把13个脆弱的殖民地联合成一个政府，并使之成长为一个伟大而强盛的国家中发挥了巨大作用。

在共和国早期的历史上，人们到处都可以看到并且感受到亚历山大·汉密尔顿的天才之处，联邦宪法的每一页上都烙下了他深深的印记。

莫里斯伯爵那优美又充满力量的文笔，形成了被普遍接受的各项原则与大陆会议的决议，它们一起构成了我们宪法的基本框

① 纳撒尼尔·穆尔，曾长期担任希腊语、拉丁语与文学教授，1842—1849年期间出任哥伦比亚学院的第八任校长。——原文注

架，而他们为这部神圣的法律所贡献的语言与措辞，也让我们骄傲、感激与信任。

对于那些重视真理、欣赏纯粹、肯定思想之伟大的人来说，当正义之光落在了约翰·杰伊的肩上时，的确是非常正确而美丽的，没有什么比这一点更纯粹的了。与汉密尔顿一样，约翰·杰伊也是我们这所学院的校友，也是联邦宪法的起草人，这份宪法充满了力量，说服力很强，它的逻辑性与流畅性超越了激情，克服了偏见，极大地护佑着我们的政治契约这艘方舟。

我们学院认为，在它的众多毕业生中，这三个人把他们的天赋与生命融入了宪法之中，赋予它一种优雅之风，并且用最清晰、最有效的论证让它得以采纳，因此，除了其他的因素之外，这样一个铁三角的关系，注定会得到人们的支持与维护。这是汉尼拔之父（对他的三个儿子）的骄傲，他让三头雄狮去摧毁他的敌人。而我们的骄傲是我们培养的这三个毕业生，为一个民族贡献出了他们的生命与天赋。

迦太基人发誓说，他们要让他们的孩子永远仇视他们国家的敌人，因此，我们也要从一开始就教育孩子们，要永远与所有粗暴地破坏这部神圣法律的人做斗争，正是这部宪法让我们的联邦紧紧地团结在一起。

对于哥伦比亚学院的历史来说，它所培养的学生都是经过了能力训练的人，甚至可以肯定，他们会更努力地去推动人权意识的进步，会更深入地探索真理，更坚定地传递天赋正义的各项原则，并且会因此而把对上帝与人性之善的爱，对上帝普遍而至高无上的爱，以及对人类普遍的自由与政治平等之爱，提升到一个更高的水平，并将其建立在一个更加宽广而坚实的基础之上。

这就是我们这所以知识为中心的学院的责任与权利。要教给他们伟大的道德真理与启示真理，打通文学与科学并且把它们联合起来，让它们彼此平衡与协调，共同组成一个超级阵容，一个比传说中的赫拉女神[1]还要强大的阵容，并以此来武装她们的儿子们，把他们培养成睿智能干之人，让他们能够胸有成竹地去承担他们应有的使命，即在人类生活的各个方面与各个阶段都能够引领未来发展的方向。

考虑到这样一个目的，文学与艺术的各个学部，往往比较文雅，它们会用它们的文化、纪律、教学，以及它们在过去积累的智慧与经验，连同它们严密的逻辑学与深奥的形而上学，一起去教育年轻的“战士们”，为他们投入生活这个艰苦的战场而做好准备；而科学则会为他们提供武器与弹药，以及战斗所需要的各种其他材料。

为此，科学已经渗透到我们栖息的星球的最深处，开发它的资源，揭示它的成分；分离并分析看不见、摸不着的空气，以及天体发出的微弱的光线；科学已经不再满足于追踪“在它们自己的轨道上的那些星星”，而是要非常精确地去推算并且预测它们复杂的运动，探索那些巨大的、多得不可计数的物体之间神秘的关系以及它们之间的相互影响，它们在无限的空间中不停地运动与运转，彼此之间通过作用、反作用与相互作用，建立起了各种各样的相互联系与补偿机制。所有这一切，都是按照自然规律运行的，充分展示了蕴藏在无限的创造之中的和谐与完美。科学在带给人类那些物质上的收益之外，也因此进一步强烈驳斥了对天启真理朦胧而模糊的怀疑，而科学则用生活之光驳斥了这种怀疑。

---

① 赫拉女神，古希腊神话中的天后，奥林匹斯山众神之中地位和权力最高的女神。——译者注

对于校长先生您来说，您对文学与艺术领域都有不同程度的了解，并且从中受益良多，您也曾经探讨过最复杂的科学之道，现在，您应该承担起照顾与监管这所学院的使命了。

多年来，您把自己大量的学识与天赋贡献给了教育事业，对于您来说，在这样一个多事之秋，想想自命不凡的狂妄带来的后果，根本不需要特别强调教育年轻人的责任之神圣与重要。

无数个家庭的幸福、许多未提及的家庭的命运，甚至是我们整个国家的未来，都与您未来的工作紧紧地联系在了一起，作为一个经验丰富的教育家，您将要承担的责任之重大，无须多说。我深知这一点。

校长先生，现在，我受哥伦比亚学院董事会的委托，以董事会的名义，把学院的这些钥匙与学院特许状的副本，作为您的职位的象征交给您。我宣布，您正式成为哥伦比亚学院的校长。

现在，请允许我把您介绍给学院的教职员工们、校友们、我们学院杰出的同行们，他们的出席让此次庆典显得更加荣耀。

同时，我也要把这些年轻的先生——我们的学生介绍并推荐给您；我非常渴望能够代表他们向学院的校长表达他们的尊重、热爱、谦恭与服从。

巴纳德校长，现在，您就要担负起这个责任重大的职位的各项职责了。我相信，您在高效地履行这些职责时，一定会得到足够的支持与帮助。

3. 巴纳德致谢

主席先生，怀着最为激动的心情，我接受这些象征物，您所代表的开明的董事会、这个高贵而神圣的知识中心法律上的守护者，选择把它们交到我的手中，是出于对我的特别信任。我非常明白我面前的这个任务之艰巨，只有在你们的支持与指导下，特别是依靠一切理论与智慧的神圣之源，才有可能成功地完成这项任务。以前在承担类似这样重大的责任时，我始终能够得到很多帮助，现在，继续在那些帮助下，我有勇气相信，我同样也能完成新的任务。

我今天能够站在这里，是由于过去发生的很多事情。25年前，我突然有幸成为这个大都市中的一名公民，对此我感到非常骄傲。然后，突然之间，我几乎从来没有想过，我会被召唤到广阔的西南部，为推动那里的高等教育事业的进步去贡献自己的力量。带着年轻人天然的热情，我满怀希望地接受了这个召唤。我发现了一个有着巨大吸引力的领域，遇到了很多胸怀抱负、富有思想的同伴。我得到了周围那些智慧的、有影响力的、富有感染力的人的鼓励。似乎我这一生最适合做的事情已经摆在面前了。

我把家安在了我工作的地方。随后的20多年里，我努力工作，既有沮丧，也有喜悦，其中的辛劳无须在这里细说。但我想说的是，当长期热情期待的成果似乎就要收获，一直苦苦等待着的自己的辛勤劳作即将赢得回报时，为我提供庇护的政府，突然瘫痪了。这个政府是如此地“仁慈”、“温和”，以至于只有在它为我的生命提供保护与庇佑的时候我才能感受到它。叛军[①]从胜利的那一刻起就宣布，那不再是我的祖国，我发现，我一生的辛劳实际上都已经不复存在了。

诸位，你们一直都很幸福，能够看到象征着我们国家主权的光辉旗帜，从来不曾停止飘扬！因此，你们不会了解，真诚的爱国者的内心深处所遭受的痛苦，他们不得不眼睁睁地看着神圣的

① 这里指的是美国的南北战争爆发后，南方若干州要求独立，所以，南方的军队被称为叛军。——译者注

国旗被践踏在尘土之中。你们也不会了解，那种极度的渴望所带来的痛苦，这种渴望迫使这些人把自我撕裂，与许多年平静而幸福的记忆中所深爱着的地方撕裂，与一生中最勤恳的劳动所留下的印记撕裂，与长期以来和自己的利益密切联系在一起的社会撕裂，与许多仁慈而亲密的朋友撕裂，只是为了寻找一片爱国主义不会被视作犯罪的天空，去寻找一个忠诚的爱国者可以自由呼吸的环境。

因此，我逃离了，从我被摧毁的事业中逃离了，从我不断受挫的劳动中逃离了，从我的希望变成失望处逃离了，我逃离了一切，只是出于一个目的，只是为了找到一个可以挥舞我的祖国的国旗的地方。最后，我终于找到了这样一个地方，它很安全，它让我的心灵感到平静，这是我很长时间都不曾感受过的。不仅如此，我在这里还找到了朋友、得到了鼓励，以及获得了令人尊敬的社会地位。最后一点是最关键的，那是任何一个抱负远大的人都渴望得到的、最高级别的学术上的差距，我想我今天已经在您这里感受到了。

在表达我对这一特别荣誉的深刻感触的同时，我还为这样一个特别令人关注的事实感到惊喜，我已经离开这里很长一段时间了，现在您又邀请我回到了这个地方，您托付给我照料的这些建筑与场所，也是我曾经居住的地方，尽管它们服务的目的不同。25年前，我离开了这个城市回到了我的故乡，遥远的南部。

主席先生，您已经提到了这所学院早期毕业生中那些作为榜样的人的名字，他们配得上这篇美丽的颂词，他们辛苦的劳动，成就了我们国家伟大的宪法，并且被人民所接受，在将近75年的时间里，我们国家一直享受着不受打扰的幸福与无可匹敌的繁荣。

您让我想到了很多有趣又值得纪念的事情，不管在任何时候，这些事情都会影响着每一个与哥伦比亚学院有关的人，也让每一个人都感到肩负一种特殊的责任，要去维护并捍卫他们留给我们的这份宝贵遗产。

我会全心全意地担负起这个责任，不过，对于我自己来说，担负起这个神圣的职责，根本不需要什么新的激励。宪法生动地体现了我们国家的统一原则，除非它一度被冒犯的权威完全得到维护，它至高无上的地位无可争议地重新得以确立，并且除非它所保护的每一块领土都承认这一点，哪怕是任何一块小小的土地，在受到它有益的影响时也会变得幸福，否则，我决不允许任何人与那些嘲笑它的权威的人进行谈判或达成妥协。

主席先生，最后，请允许我用感谢来结束今天的演讲。感谢您在致辞中用了那么多体贴的语言，能够从您这样的人手中接过职位，我感到特别荣幸，您一直是最值得我们尊敬与学习的榜样。

4. 教职员代表的致辞

校长先生：

我代表哥伦比亚学院教职员工，欢迎您就任校长之职。

此时此刻，校长先生，我们的心情就与一个王国迎来一位新君主是一样的，既忐忑不安又满怀希望。因为我们学院的地位与荣耀，在很大程度上依赖于我们领导人的性情与能力。

您的前任非常令人尊敬，我们非常熟悉他的友善、和蔼与文雅，很自然地，我们也渴望您能够拥有同样的品质；我们也很自然地希望知道，我们的渴望成为现实的可能性有多大。

在我们有幸了解您的个人品质之前，我们于公于私都还抱有一些疑虑，并且远未感到满意；随后通过与您的交流，尽管到目前还比较少，却让我们相信，我们是不会失望的。

您在其他地方的学术管理非常成功，它可以保证您在纽约城同样取得成功；您的经验可能会让已经享有盛誉的哥伦比亚学院的声望进一步得到提高。您具备良好的科学知识，您在古典文学方面成就巨大，连同您在神学教育中所得到的哲学知识，这一切都使您有能力去欣赏我们所有学部良好的教学，并且通过对我们的智力劳动的认可来鼓励我们。

同样，您也将成为我们在董事会的代表，在这方面，你将得到我们完全的信任。教育者的工作是非常复杂的，面临着很多困难，您了解这一切，您可以提供一些更有价值、更有分量的建议，而这一切，是那些不曾当过教师的人无法做到的。

我们承诺，在所有有关学院的教学与纪律等事务上，我们会全力地配合您的工作；每一周，您都可以在学院委员会的例会上与我们一起讨论工作。在我们的教室里，我们每个人都是这个“小王国”的实际主导者，但我们希望您能够经常莅临，您的支持会让大家受到鼓舞，也会让我们的学生感到振奋，就像士兵们在执行任务时会因为首长的注视而备受鼓舞一样。

不管是在普通社交场合还是在专业领域，如果能经常有机会了解您，我们会感到非常高兴。

哥伦比亚学院的教授们在这个大城市里居住得比较分散，与那些坐落在乡村的学院相比，教授之间的友谊不太容易建立起来；但是，我们相信，您会带领着我们朝着建立一种更亲密的社会关系的道路前进，通过您的示范，我们大家可能会受到影响，让这种关系更容易建立起来。

校长先生，我要再次表达对您的欢迎，我相信，我代表的是我们所有同事的衷心的渴望，当然也是我自己的渴望，祝愿您在我们深爱的学院的校长这个职位上，工作得长久、幸福、卓有成效并且令人尊敬。

5. 校友致辞

校长先生：

在这个庆典上，古老的哥伦比亚学院的孩子们，要借机向她令人尊敬的老校长表达他们的敬意，在他长期成绩斐然的工作即将结束之际，他正式把他的工作移交给了他所肯定的继任者。

对于这些孩子的遗憾，您是第一位表示理解与尊重的人。现在，对于他们的欣喜，您慷慨的前任也同样迅速地表示认同。那时候的遗憾，丝毫不会减少我们对您的尊重，我们现在由衷表达的欣喜，也与此前的遗憾无关。我们只是出于一种信念，即我们的母校（一直都快乐着她的孩子们的快乐）今天特别荣耀，她把她的权力、信任以及由衷的快乐赠予您，以此表达对您由衷的敬意。

刚才，这所学校的制度的管理者、她的思想的解释者，都已经对您的到来表示了热烈的欢迎。

由于她的睿智与大度，她所选择的这些团体的成员，可能并不是她自己的毕业生，不过，他们的祝福与她的毕业生一样真诚。现在，我们这些蒙她养育的幼狮，在这个场合也不甘人后。

首先，我们很高兴我们了解您的忠诚，就像我们了解您所接替的老校长的忠诚一样（这是绝对的信念，就像百基拉[1]对主的忠诚一样），我们虽然很难去证明它，但时间会证明这是真的。

---

① 百基拉，《圣经》中的人物，她与丈夫亚居拉同心侍奉上帝，对上帝非常忠诚。——译者注

您肯定不会认为艺术与美无关，科学与实用无关，文学与两者都无关，您一定还会继续维持它们至高无上的地位，这种传统的联系是不可割裂的——就像各地对于法律至高无上的尊崇，对合法的权威的尊重一样。是的，您一定会维持这种联系及其至高无上的地位，让它们变得柔软，人们就会热爱它们；让它们变得刚强，人们就会感受到并且遵守它们。

您可以公正地评判现代知识的各种主张，但是，您无法让人们相信，它们是为与我们的信仰竞争而来的，或是为削弱我们的信仰而来的。我们的信仰的遗产是不会减少的。

这些学科既高贵，又蕴含着巨大的力量，它们会创造各种各样的奇迹，减轻人们的劳动负担，增加人们的快乐，给予人们自由。我们感到高兴还因为我们从您的前辈那里了解到，您是真的同情那些值得信任以及可以管教的年轻人，因此，即便是最离经叛道的表现，您也会把它看作是孩子式的顽皮，他们是最容易被父亲般的言语说服的。

您的履历将保证我们的管理是家长式的，在公正而严肃的外表下带着温情，用尊严与安全让放纵变成稳重，用宝贵的判断力，让最放肆的意愿自觉地服从温柔的要求。

出于这些以及其他的一些原因，我们相信，您一直都关心并且重视这些神的子民。母校与她的孩子们，像我们这样刚刚或者很久以前就来到了这里的人，也包括那些迟早会来到她身边的人——哥伦比亚的校友们，都真心地欢迎您的到来，并向您表示祝贺，衷心地祝愿校长先生您任职顺利，勇于开拓，稳步前行！

6. 校长对教师与校友的答谢

对于一个伟大教育机构的各项事务的管理者而言，他清楚地知道自己的责任是什么，在我的生命中，从来没有像现在这样感到自己的责任之重大，我甚至因此而感到有些不安。在大多数情况下，一个人能够对他周围的世界所施加的影响，或者是对于紧随他之后的一代人的影响，是有限的，无论这种影响是好是坏，都只限于他自己的直接行为所造成的后果。但是，对于一个要和年轻人打交道的教育者来说，如果他忠诚于他的任务，他就会在很大程度上影响其他人的观念，塑造其他人的行为规范，并且在更大的范围内影响更多人的行为，而且这种影响的范围会不断地扩大。

担任这样重要的职务的人，要想不留遗憾，就不仅仅要怀着极大的热情与明确的善意，还要相信自己拥有少数人才有的智慧与能力。对于那些处在我今天这个位置上的人来说，每每对未来充满忧虑的时候，往往可能会从过去那里获得一些慰藉。因为这所学院光辉的历史与崇高的声誉，足以使他认定这个方向，他肯定会发现他自己的工作可能会遇到的各种困难，他也会清楚他用来评判自己的标准。在这一场合，这样的想法总带着一种神奇的力量，触动着我。

因为此刻，我对于大家给予的信任还感到很陌生，它与我在其他地方得到的、有些熟悉的信任不太一样。对我来说，还是第一次感觉到这样一种责任的负担，这种责任牵连着过去，也关系着未来。

到目前为止，我一直是一名教育战线的老兵，一座致力于照亮整个大陆知识文化大行军前进道路的新灯塔，一个致力于在愚昧的荒野中开辟出新路的拓荒者。

我一直致力于打造新的基础，而不是执行完成其他人所开创的事业。如果说我取得了一些成就，那一定是开创了一段新的历史，而不是延续了一段历史。如果我最后失败了，那么，这种失败也只会是我自己的，而不会是毁坏了其他人已取得的优秀的劳动成果。但是，这里的情况不一样。我的前任都非常优秀，其中还有两位非常热情地出席并见证了今天的典礼。学院取得的伟大成就主要得益于他们，在许多博学的同事与顾问的真诚合作与帮助下，哥伦比亚学院成为一所声望卓著、令人敬仰与热爱的学院，如果她的声誉在继任者的掌控下受到了任何伤害，那一定会让人感到莫大的伤痛。所有这一切都让我深切地感到，我在此即将承担的责任是如此重大。

先生们，你们代表学院的教职员工向我表达了如此热烈的欢迎，请允许我向你们致以最诚挚的谢意，对于你们慷慨的言辞，我不胜感激。对我来说，你们的话更像是一种承诺，当人们为了一个共同目标而联合起来的时候，和谐是幸福与成功的首要条件，它会成为我们的共识，也一定会体现在我们的共同行动中。尽管我可能无法在所有方面填补那位能力出众、表现卓越的前任校长在董事会中所留下的空缺，但至少我可以向大家承诺，我不会用任何明显的个人行为去妨碍这种和谐，妨碍他在你们中间所具有的真正的影响。各位先生，我已经认识了你们中的一些人，这让我感到很幸福。

有一些人是我很早就知道的，他们在人文与科学领域中的成功让他们声名远播。的确，也有一些人我还不了解，这让我显得对我们国家的学术与文学领域非常无知。结识这些人会让我感到特别荣幸。如果通过这些联系我可以与他们建立友谊，我会认为它不只是一种荣幸，更是一种幸福。

你们在提到我过去的经历时非常友善。如果说我的经历让我吸取了什么教训，那就是，出于组织的需要，每一个机构都应该有一个执行力出色的管理者，不管一个教育机构表现出的效率如何，也不管它到底有多优秀，它都依赖于那些管理者的学识、能力与热情。先生们，哥伦比亚学院现在所拥有的令人敬仰的声望，在很大程度上要归功于你们。如果这种声望能够继续下去，那么仍然要归功于你们。

只要大学的教员名册中仍然有那些学者与科学家的名字，诸如那些今天在任并且让她的几个席位变得非常荣耀的人，她就依然能够保持她现在在最优秀的美国学院中引以为傲的地位。怀着这样的感情，我不会质疑你们行使学院“独立自主权”的合法性，这是你们刚才轻松地谈及的权利。任何一位学院的行政长官在他自己的职责范围内，都享有学院赋予他的那种自由，即熟悉所有那些与他的特定领域有关的人和事。只要对这一自主权有着清晰的限定，即使诉诸分裂这一暴力措施，也无法破坏学术规则的和谐，那这种让步就不会有太大的危险。

你们说那些肩负责任而有社会交往的人，会从他们的社会交往中受益良多，对此，我完全赞同。作为回应，我还想把被教导者与教导者都涵盖进来。有些时候，当人们忘掉学术规矩或习惯所形成的人为的关系后，学生与教师就可以在共同的社会平等的基础上会面，从而一定能培养出相互的关心与尊重，并且能促进整个学术界的和谐与繁荣，我的经验证明事实就是如此。

来自未来同伴与同事的问候，让我非常振奋；而与来自校友会的先生们的会面，让我感到有点受宠若惊，对此我不胜感激。一所学院的校友，始终是这所学院最称职的代表。随着他们智力的不断增长，他们对于自己曾得以滋养的学院的兴趣会越发浓厚，甚至会大于他们当时在令人羡慕的学院围墙内生活时的兴趣，尽管当时的他们才是学院中的主体。

学院也会非常骄傲地把他们看作自己富有成效的劳动成果，看作自己发挥作用的最直观的例证。他们在社会中从事着各种各样的职业，通过他们，学院把它的积极影响扩散到社会的各个角落，并借此提升自身在公共舆论中的声望，传播有关公共政策的自由主张。

先生们，当你们回想起许多令人尊敬的名字时，你们有充分的理由感到骄傲，这些名字为你们的兄弟会增色不少。没有什么重要的职位是哥伦比亚学院的学子们没有出任过的，他们的美德与价值所赢得的荣耀是无与伦比的。他们的雄辩在论坛上闪耀着光芒，他们的学识增加了法官的尊严。

正如你们幸福回忆的那样，在我们的共和国的早期，哥伦比亚学院的毕业生中有一流的政治家，他们伴随着我们光荣的立宪会议的发起与早期历史一路走来，他们自己也因此而永垂不朽。最近，我们有一大片领土陷入了动乱，当神圣的自由宪章被践踏在地，我们发现，哥伦比亚学院的孩子们仍然站在最前列，即使需要付出生命，他们也毫不畏惧。这些鼓舞、这些激励，不仅仅为那些热情而慷慨的年轻人提供了鲜活的榜样，而且会促使他们考虑把他们的名字继续铭刻在同样的光荣榜上。

先生们，就对这所学院的各项事务进行管理而言，你们曾经愉快地谈到了一些你们认为可以指导我的原则。对此，我非常感激。我意识到，你们的言语中所透露出来的情感，与我的情感是相同的。再也没有什么比法律更重要的了，换句话说，再也没有什么比对宪法权威的尊重这样一种价值观更重要的了，这是年轻人的价值观中必须具备的一个要素。但是，如果可能，我会通过把它与正义感联系起来，而将服从的原则融入其中。的确，在大多数情况下，我知道权威会与反抗精神发生冲突。我已经发现，可以向不成熟的年轻人提出的最有效的请求就是，让他设身处地地想一想，诚实地告诉自己他的良知的决定是什么。的确，人们一定要遵守法律，但是，为了做到这一点，一定要遵守应该遵守的法律，这是良好的道德文化的一部分，也应该成为一种信念的基础，即法律不仅仅是必要的，而且也应该是正确的。我们能够感觉到，用胡克（Hooker）[①]的话说，“必须承认，法律的声音意味着世界的和谐”。

你们曾说，我对于青年人的同情是值得信任的，也是伟大的。在这里，你们已经掌握了我作为一名学院管理者赢得成功的最核心的诀窍。

我爱年轻人。我发现他们非常坦诚、慷慨，是值得信任的。他们犯的过错通常是由于放任了自己的冲动，尽管这些冲动本身往往是出于高尚的理由。事实上，他们很少会故意去犯错。在大多数情况下，我会温柔地指出错误并且确保它们得到纠正。

我很高兴，年轻人像太阳一样充满希望。我被他们的热情温暖着。我会自动地给予他们信任，并且希望在他们那里能够得到回报。通常，我非常幸运，不会感到失望。立足于这一点，学院管理就成功了，我相信它会再次成功。

先生们，你们是对的。对于现代科学的价值，我的评价很高。我们很自然地重视它们，它们在很大程度上持续地占据了我们的思想，我过去的职业追求已经构成了我的自然倾向，养成了你们所提到的这种情感。的确，似乎没有人会对科学的进步做一个冷漠的看客，因为它对增加人类福祉做出了巨大的贡献，对增加各个国家的财富也做出了巨大的贡献。

---

① 胡克（1554—1600），欧洲文艺复兴时期英国神学家，他的多卷本著作《教会组织法》是英国圣公会的基石。——原文注

无论那类真理有多么重要或者显得多么有价值，它们的发现都是现代科学考察者辛苦劳动的结果；不管人类智力在各个探究领域所取得的成就有多么辉煌，我认为所有这一切加在一起也无足轻重，除非它们能够带来更前沿、更进步、更纯粹的知识，能够让人类所居住的世界变得更加美好。

先生们，请再次允许我感谢你们的话语给予我的鼓励，感谢你们对于我的未来的祝愿。

7. 就职演说（节选）

今天我们在这里集会，我们所参加的这场典礼很自然地把我们与这个知识圣地联系在了一起，看来我们今天要讨论的主题不会有什么悬念了。这所伟大的学院，始终致力于帮助前途不可限量的年轻人追求最高深的精神文化。在过去的一个多世纪里，它发挥了巨大的作用，取得了突出的成就，现在，它即将进入一个让它的努力更有意义的新时代。指导它的运行，捍卫它的利益的重任，被委托到一个经验不足的人[①]手中。在这个时间有限的集会上，我作为一个教育管理者来发表自己的一些观点，谈谈我将如何进行管理，我希望在这所学院里开展教育的方式，可能是符合一般惯例的，也应该会符合大家普遍的期待。

如果我没有遵守这个习俗或满足这种期待，那并不是因为我对这些观点还不太确定或者还有疑惑，也不是因为我会担心与一群有文化的人产生分歧；恰恰相反，是因为我过去已经非常充分而公开地、频繁地阐述了这些观点，所以我没有理由认为你们不知道这些观点或者会误解它们。

① 作者自谦的说法。——译者注

教育这个话题，是每一个时代那些最有思想的人一直在关注的问题。走向真正的自由教育的那些根本原则，很明显来自亚里士多德、塞涅卡、昆体良等人的著作，同时也可能来自现代那些最具远见卓识的思想家。不过，如果根据不断出现的有争议的文本去判断，那么我们可能会得出这样的推论：关于教育的内容，可以确定下来的是很少的，还有大量的内容是不确定的或者是有争议的。尤其是在过去的二三十年里，我们原本已经经过历史检验、业已被证明很成功的学院教学制度遭到了持续的批评与严重的破坏，这让全国很多接受过系统教育的朋友变得非常警觉，迫使他们根据一些基本的原则，非常焦虑地去讨论我们高等教育的全部理论与实践。我也努力去担负起自己的职责，并尽可能地参与其中。有一种盲目的破坏精神，它可能会用一些空想出来的、被认为是高度实用的方案，去牺牲一部分我们学院中已有的、令人羡慕的精神文化体系。这种破坏对学院的攻击是非常危险的。在这种情况下，我认为自己有责任去对抗这种破坏及其对学院的攻击，我把这种责任看作一项特权。当我自己履行这份责任时，我坚持的依然是自由教育的理念。

自由教育就是要让人成为他能够成为的、明智的、有道德的人。要让人能够接受他所面对的多变的命运，其次则是考虑他在现实生活中的、短暂的各种利益。我也坚持认为，与那些专门针对很多特定结果的训练计划相比，这样一种文化，实际上会让一个人更能够胜任世界上的任何职业，会让他成为一个更高效的工人，一个更有用的社会成员，一个更好的公民。我还坚持认为，根据心理学的理论，现在在学院教育的课程体系中显得非常重要的一些科目，包括那些在我们的学院体系建立之初就显得非常重要的科目，很明显是最适合培育这样一种文化的。

今天，我还在犹豫要不要再次回到我以前经常徘徊的这条道路上，我甚至比以前更犹豫了，因为很明显，我所提到的这些争论在减少。我所提出的观点的原创价值并不大。如果继续重复这些已经不新颖的主张，我的讲话可能就会非常乏味。现在，我几乎不需要重申我的信念，因为我在之前已经详细阐述过了。

此刻，我已经开始与这所学院联系在一起了。因此，就这个特定的场合要求我所选择的主题而言，我想大家已经非常熟悉了。

哥伦比亚学院的董事会始终有这样一个目的，即拓展学院所从事的教学领域，以便能够让它的根基变得更深厚、更扎实。很明显，这样一种设计不可能一蹴而就。一开始，有必要把它限定在某些重要的知识领域。并且，为了保证最大程度的成功，一定要在很多学科中精挑细选，明智地选择那些公众最缺乏、最渴望的学科，比如应用到艺术中的物理科学。我现在就要提议的是，考虑新开设一个学部，教授地理、机械、化学科学等内容，以便推动我们国家矿产资源的开发。我们国家有着丰富的自然资源需要开发，每个行业对人们都充满巨大的诱惑力，在这样的国家，充分发挥我们的实用精神，努力把已有的学院建设成规模适当的大学，似乎是不可或缺的。这种实用精神会鼓励我们开展更广泛、更深入的教学，而这样做也将带来更丰厚的回报。

开设这些课程，会让我们学院的生命更持久、更有力。当我们开设了这些课程并进行教学时，我们的学部将成为以实用科学而闻名的机构，同时，它也会通过开展调查研究，扩大科学自身的领域。

此外，在某一个知识领域里成功地建立起一个学部，也就建立起了一个以之为核心的学科集群。在纽黑文，有一所我们的姐妹机构，它最早建立的就是科学部，随后又增加了哲学部、语言学部、历史学部，将来肯定还会增加其他一些学部，包括人文与科学教学的每一个分支。因此，我们有理由期待，我们现在要开设的这个学部，会帮助我们获得各方的帮助，获得那些渴望这所学院繁荣的人的帮助，获得那些不愿看到这个重要城市里的学院落后于小城镇里的学院的人的帮助。随着时间的推移，它也可以帮助我们吸引各种各样的知识追求者，而这对于实现一所大学的理想是非常必要的。

然而，现在，我们新建立的学部只有一个物理学部，它开始运转的时间，恰好是我与这个学院联系在一起的时间。这就很自然地让我想到，要冒昧地请求你们仔细听一听我下面的演讲。我演讲的主题可能会简要地涉及物理科学与宗教的关系。

尽管我一生主要致力于自由教育，但我相信大家都知道，我自己的主要兴趣是追求与自然科学有关的学问。我热爱自然科学，一方面是因为它本身很美，另一方面则是因为，在我看来，它对于心灵与性格的塑造有着非常积极的影响。

不管怎样，现代物理学的方法是基于培根的理论与伽利略的实践的，尽管它在不断地壮大，但事实是，从一开始，它就注定要遇到一些出于嫉妒的怀疑，或是那些以宗教利益守护者面目出现的人的公开而激烈的反对。

因为这种精神在早期主要表现为一种哲学式的探究，它对于自然的解释要先于人们对于归纳法这一大原则的认知，我们的现代科学正是从这里开启了它的新纪元。在此之前，人类已经发展了多种门类的自然科学，但主要是基于假说，同时还掺杂着不少从《圣经》的记述中得出的推论。

今天，很明显，对于任何一个充满智慧的读者来说，这些推论都很难为推导出它们的文本所证明，但是，在大多数情况下，它们都是丰富的想象力的产物，而我们的整个学院体系也都来自于这种丰富的想象力。在中世纪的学校里，人们普遍教授的哲学的名称就是“自然科学的基本原理（De Principiis Rerum Naturalium）”，人们认为它们是神启的真理，任何与它相冲突的学说无疑都要被视为异端。

因此，从一出生起，我们的现代科学就发现，自己遭到了来自宗教界的先验知识的敌对，这种敌对非常可怕，而且非常令人沮丧。不幸的是，现在，尽管中世纪哲学已经被推翻很长时间了，但它从一开始就具有的缺陷并没有完全得到弥补。人们依然在根据语义学来研究《圣经》中的自然界，并且这种研究的结果成了人们接受其他结论的基石。而其他的结论往往来自对自然本身最认真、最审慎的研究。这个顺序必须颠倒过来，科学应该成为阅读《圣经》的探照灯，或者应该为人们提供解释《圣经》的线索，到目前为止，支持这个原则的人还非常少。因此，虽然古代发生的一次次科学与宗教之间的争论已经从人们的记忆中消失，但是最近两者之间的一次次争论又重新进入了人们的视线。情况似乎正在变得越发严重，这是非常令人痛心的。如果继续这样下去，结果一定会对科学与宗教都产生最严重的伤害。当基督教世界中绝大多数公共舆论、最有影响力的机构或个人加入进来时，一定会伤害到科学。这种伤害是科学无法承受的。

但即便是在这样极端困难的情况下，科学还是取得了一些进步。尽管它带给人类的礼物的价值是无法估量的，但它从中得到的回报只有很少一点点。因为荣誉都是授予人们的，对科学的支持也都是由政府给予的。科学发展史上有很多标志性的重大发现，业已给很多国家带来了财富，并不断地扩大人类能够享有的资源，但其中大部分都要归功于它的无私的追随者所付出的孤独、耐心而又独立的劳动。为社会的最大利益着想，最明智的做法就是实施一项与此完全不同的政策。进行科学研究是非常困难的，花费也很大，要非常慷慨地为科学研究提供必要的支持，同时，还要对那些获得突出成就的劳动者进行表彰，要让他们得到公正的回报，这样才能驳斥那些对于科学研究的指控。不过，只有当所有人都充分认识到他们对于科学的义务，意识到这样一项政策所蕴含的智慧时，时机才是成熟的。

人们通常把科学看作人类最大利益的狡猾的敌人，现在，科学表面上已经赢得了很大一部分人的信任，但是，除非它能够成功地、更加充分地赢得更多人的信任，否则我们便不能说时机成熟了。另外，即便在宗教教学与那些自然探究者的教学之间存在着某种对立，宗教也不会因此就受到重创。科学的进步是不会停止的。有一些证据是人类的理性无法抵制的，基于这些证据所形成的一些信念，是科学家不可能放弃的。

……

为了协调神圣的书面语言与自然教导，科学家们会真诚地提出他们的解释方案，而嘲笑与奚落这些方案的正是那些犯错的人。而且，由于极度缺乏智慧，那些人坚持认为这样的协调是不存在的。

正是基于这样的立场，他们并没有意识到下面的这个事实，即他们正在对宗教造成破坏，正在让人们对《圣经》产生更多的怀疑。这种破坏作用之大，超过了斯宾诺莎那样专注于思考的无神论者，超过了休谟那样真正的逻辑上的怀疑主义者，也超过了伏尔泰那样反对、批判宗教的人，甚至超过了所有这些人加在一起所能够起到的破坏作用。

尽管有这几类人最猛烈的批判，《圣经》依然受到了人们的敬畏。但是，一旦我们把宗教领域中的决定看作最终的、不可改变的定论，我们的宗教义务就容易变成对科学的怀疑，我们会拒绝那些由科学完美地展示给我们的真理。以地理学为例，它并不需要人们有什么特别的先见之明才能去感知。

让我感到吃惊的是，有那么多人没有看到这种危险。同时，更让我感到吃惊的是，本来应该有很多人能够非常清楚这一点，但他们却幻想着可以通过限制并压制科学的发展来扭转这个局面。从根本上来看，这些努力是徒劳的。一方面，真理无法脱离人类而存在，人类也没有足以控制它的力量。另一方面，在物理学的研究中，要消除错误带来的破坏力，既不需要谴责，也不需要控诉。根本不必去管它，它自己最后就会消亡。因此，当前我们最需要做的事情，我们这个时代最需要做的事情，就是引导我们那些支持宗教的朋友，放弃他们通常对于现代科学的进步所抱有的不信任态度。我们尤其渴望的是，对于那些真诚地在调和各种观点的有思想的科学家所取得的进步，支持宗教的人们不再轻蔑地加以排斥，或者用嘲笑与鄙视作为武器，来攻击那些科学观点。

我们有理由认为，如果他们能够进行一些自我反省，能够抱着一种新的态度，他们就无须担心他们内心热爱的这项事业会遇到什么危险；但是，如果他们依然坚持现在的这种态度，那么这种危险就是真实存在的，而且很严重。

我并不想过多地展开这个话题，仅想提出几个观点。首先，对于那些渴望最大限度地改善人类生活，让生活变得更好的人来说，科学只会激起他们内心的警觉。因为科学的目的是追求真理。不管研究对象是什么，科学所追求的是真理，也只有真理。

在追求真理这一目的的过程中，科学会抛弃一些人们已有的流行观念。但这种抛弃是暂时的，它并非有意去冒犯这些观点。科学的工作既不是要证明也不是要否认观念的合理性，但是，如果它们只是一些观念、印象，或者只是一些信念，那么它们就不属于科学所要研究的那一类证据。有经验表明，在某些时候普遍流行的很多信念，是建立在无知、偏见或迷信的基础上的。许多人接受这些信念是出于传统，后来的每一代人之所以会默认这种信念，也只是因为他们同意接受它，而没有更好的理由。

我们继承了人类过去关于自然界的一切观念，虽然这些观念不可能都有问题，但很明显，对于研究自然的人来说，头脑必须保持清醒，这样一个来源中很可能会存在着偏见。

当科学劳动只是指向了追求真理这个简单的目标时，它并没有宣称它自己就能够穷尽所有的真理。它的范围受到人类观察范围的限制，也受到人类不完美的理解力的限制。但是，在这些限制内部，它的方法是确定的，它的结果也是毋庸置疑的。

……

我们经常会听到人们谈论自然之神与启示之神，由此我们可以推论说，他们认为他们谈论的是两个不同的神。对于神圣的大自然来说，自然神论与天启宗教之间的冲突，并不如表面上那么明显，而是非常模糊的。即使我们不去考虑这种冲突产生的源头，它也一定会导致那些虔诚而善良的人去反对对自然的研究，他们甚至可能会希望能够完全抑制住对自然的研究，因为他们担心，这些研究所揭示出的真理，可能会与我们所熟悉的其他真理有所冲突。

可能有人会说，这种想法并非是杞人忧天。我们过去的历史已经证明，对《圣经》的解释与物理科学的实际发展之间的确是有冲突的。反对者会说，如果科学与《圣经》之间没有矛盾，那么它们之间就不应该发生冲突。而一旦这种冲突出现了，那这种矛盾就不再是可能性的问题，而是变成了事实。那么，上面所设想的那种冲突真的存在吗？我似乎应该很遗憾地相信这种冲突是存在的。但是，实际上我并不相信它们之间存在着冲突。只是很不幸的是，我的信念似乎并不是大家普遍的信念。否则，我也就不需要再去考察一下，科学与宗教之间是否有一些需要弥补的裂痕，更不需要去考察，学院与教堂之间有没有需要克服的矛盾。虔诚的心灵能够感觉到上帝的力量，而学识渊博的知识分子可以思考并了解上帝的力量，在他们之间也不乏和谐。然而，如果来探讨一下，在物质真理与精神真理之间可能存在出入的根源是什么，我们通常会发现原因并不在于科学家，至少不是因为那些首先发现这些伟大真理的人，而是因为那些心智较低的人随后在努力用它来削弱基督教信仰的基础。而科学界中要对这种不幸的分裂承担责任的人，主要是那些很少有机会感到骄傲的浅薄而自负的学究，他们所掌握的大都是二手的、零碎的知识，他们在宣布自己的结论时越是显得信心十足，他们所代表的权威的分量也就越小。我的意思并不是否认有一些杰出的研究自然的学生，甚至是最初的发现者，也是宗教上的怀疑主义者，但是我相信，这种情况并不常见。事实上，我相信，情况恰恰相反。

我认为，对于自然的研究，往往会更积极地培养人类谦卑、敬畏与虔诚的精神。我也相信，除了对《圣经》本身的研究之外，也只有这种研究才能做到这一点。在这方面，研究语言或抽象的数学是无法与之相提并论的，因为就我们所谈到的情感而言，它们的影响力是不同的。

但是，人们可以很容易地把它与抽象的哲学，甚至是影响哲学的神学相比较，因为这个世界上有很多富有启发的例子。

我认为，哲学，即便不是物理科学，也有可能来自物理科学。哲学与物理学是对立统一的，是知识领域的两极。现在，有一个问题值得人们来思考：有些人习惯于谴责科学，认为它是反基督教的，但是，在19世纪相当长的一段时间里，德国大部分的神学学校都变成了非宗教的学院，而无论是在过去还是现在，很多对物理学做出突出贡献的人是非常虔诚、非常谦卑的基督教徒，这一切是如何发生的呢？这是不是一个相当令人震惊的事实呢？哲学与物理科学，的确是两门学科，但我们几乎可以说，也正因这两门学科，极大地刺激了人类了解事物成因的好奇心，是它们激发了人类去思考万事万物的最根本的成因。

……

接下来，我们就可以放心地宣布，除了发现真理这一目的之外，科学本身再无目的，这应该会让虔诚地相信神启真理的人放心了吧。

同样的论断也适用于系统地进行科学研究所追求的结果。因为科学的目的是发现规律。物理学的真理本身首先会以一种割裂的、孤立的事实的方式呈现在研究者面前。

但是，随着事实的积累，人们可以观察到它们相互之间存在一些确定的关系，并且会自发地按照某种自然分组的方式把它们安排在一起。这些关系显得非常必要，并且会基于某个原则而呈现出不变的因果联系。通过对它们的仔细研究，我们可以做出一些预测，在某些确定的情况下，就可以得到相应的结果。

在条件不变的情况下，我们的预测得到了证实，并且能够保证准确，消除错误，我们就可以得出结论说，我们已经发现了一些规律，而不只是事实，我们就可以探查到一个可以加以利用的原则，即一个规律。

在这方面，开普勒经过多达70次的失败与持续而辛勤的努力，在长达20年的辛劳之后，最终发现了行星运行规律的奥秘；牛顿在把月亮的盈亏与所观察到的地球上的物体的自由落体相比较之后，能够在长达10多年的时间里，开展这项研究，最终发现了伟大的万有引力定律。

综观所有这些物理学研究，其中有一些领域的进步是常规性的，有一些领域的进步则非常迅速。

尽管广阔的自然界有非常多的领域有待人们去探索，尽管仍然有很多我们还不能理解的现象，还无法揭示它们的规律，但在随后的每一个例子中，我们都可以看到秩序的存在，只有无知者才会认为它们是毫无规则、随机排列的，就像物理学中的公理一样。我们要给这个假设注入一股新的力量，即规律是无处不在的。

……

我还要指出的是，科学的进步有利于宗教的健康发展。它会彻底摧毁那些毫无意义的迷信，那些迷信经常会让宗教受到玷污，因为宗教的使命是带给人愉悦与鼓舞，而迷信带给人们的只有沮丧与恐怖。在这里，我所说的科学，是指有关事物起源的各种知识。在一般意义上，科学被认为只适用于解释那些深奥的知识，它们很难理解，甚至只有少数人能够理解。但是，现在，科学已经成为所有被启蒙过的成员的共有财富。事实上，正是科学的传播为人类带来了福音。一个新的真理在它第一次被发现时，还很难与人类的利益发生什么明显的关联。当人们第一次观察到水蒸气的能量时，距离蒸汽机的出现还非常遥远。当人们第一次注意到线圈对铁的吸引力时，距离电报的出现也还非常遥远。随着进步的不断取得，科学真理变成了艺术的原则，科学知识也变成了流行的知识。

现在，只有少数自然现象的成因人们还未能了解，包括那些非常偶然与罕见的现象，因此，也只有少数人会感到不安或保持警惕。不仅如此，人们普遍承认，规律在宇宙中是普遍存在的，因此，即便是对于那些人们还不能理解的现象，人们也不再把它们归结于超自然的原因。而在无知盛行的地方，情况则大不相同。在这些地方，事情的原因是不清楚的，是人们无法了解的，这时，人们就将其归结为各种能够控制自然事件与影响人类幸福的力量，这些力量通常是既具威力又邪恶的代表。同样，没有任何可以解释的理由，相关的时间也会被看作幸运的或不幸的，相关的地点也会受到怀疑或排斥，相关的行为或表达也被认为会被施加一种神秘的力量，潜在的美德也会被归结为获得了护身符或符咒……因此，让人们相信这些超自然的力量可以用巫术、魔法等影响人的心灵，就很容易了。

在某个既定的社会中，那些可怕的巫术或魔法的流行，带给人们的恐惧非常普遍，以致人们丧失了其本性中那些温和的特质。可悲的是，即便在离我们很近的历史中，也可以找到许多这方面的证据。

现在，似乎可以单独来看看《圣经》。对于那些研习《圣经》的人来说，《圣经》本身似乎就足以驱散所有这些虚幻的想象，并且把人类从普遍对超自然的恐惧中解救出来。

但是，很明显，这并不是真的，历史表明，在基督教统治的时代与基督徒中，上面所提到的那些迷信都很盛行。其中有很多虽然已经不再流行了，但可能还没有绝迹。在欧洲，中世纪时，不管是宗教权威还是世俗权威，都会对“魔法”之类的行为进行谴责与惩罚，因此，那些能够演示最简单的物理实验的人，无一例外都会受到怀疑。在13世纪，诸如火柴或是一个可以让道路开裂的爆破器之类的发明，就有可能让发明者丢掉性命。正是在那个世纪里，罗吉尔·培根，这个具有非凡原创性与思维独立性的人，在他64岁的时候，遭到了使用魔法的指控而被提审，并被监禁了10年。而在多年前，他的著作就已经受到了谴责，他的教学权利也被剥夺了，因为他的思想比他的时代领先了200年。其实，他只是在自己的著作中对阻碍科学进步的原因进行了探讨，著作本身并没有什么违法的内容。

所有物理学方面的著作都受到了同样严酷的压制。法国的两场宗教会议接连对整个物理学界提起了摧毁性的控诉。

不过，我们没有必要在这里详细地描述其中的细节，历史上发生过很多这样的事情，一直到17世纪末甚至更晚的时候都还存在。即使是那些狂热的殖民主义者，也未能摆脱他们所处时代的这一共同弱点。虽然他们为了逃避自己祖国的宗教不宽容政策，在新英格兰的岩石海岸播下了民权与宗教自由的种子。

现在，我们似乎会认为，这些事情完全不符合基督教精神以及《圣经》的教导。但是，只有根据科学去阅读《圣经》才是正确的阅读方式。这并不仅仅适用于我们这个时代。相比之下，基督教的发展，在蒙昧时代似乎不如文明程度更高的时期，并不是只有我们才这样认为。密尔曼（Milman）说，基督教可以以某种方式存在于一个野蛮民族中，也可以存在于一个由哲学家组成的国度里，不过，它的具体特性几乎完全取决于基督教的信众的特性。因此，讨论基督教在这种固定关系中的特性时，一定要认识到，它会因为所处时代的黑暗而变得黑暗，也会随着此后每一个时代的光明而变得更加光明；它会随着人类本性的进步而进步，也会让人类的道德与知识文化能够达到同样的高度。

因此，通常，人类生来就会犯盲目迷信的错误，是思想启蒙的进步让人类纠正了这种错误。

这可能是人们最普遍接受的观点。然而，历史为我们提供的大量证据表明，仅仅依靠知识并不足以取得这样的成就。在英格兰，造就了弥尔顿、培根、德莱顿[①]与蒲柏[②]的时代，肯定不是一个缺乏高深知识的时代。但是，那个时代的立法与司法实践，充满了我前面提到的那些错误。

无疑，我们不能说它们的特性来自当时受启蒙影响最小的人。在我们国家，那些受过教育的教士，虽然不是塞勒姆大迫害[③]的始作俑者，却都支持要扩大迫害范围的主张，其中就包括当时这片大陆上唯一一所高级神学院的校长。当时的教育的错误就在于，忽视了对自然现象的研究。的确，物理科学已经取得了一些进步，但是，这些进步还没有得到传播，还只限于信奉它的那个小圈子。通常，科学家都很博学，但在那些博学的人中只有少数是科学家。

迷信是宗教真正的敌人，对此，我想不需要再去论证了。

基督教的精神与力量本身，主要体现为行善、悔过，始终坚

① 德莱顿（Dryden, 1631—1700），英国诗人，是首个获得“英国桂冠诗人”称谓的诗人。——译者注

② 蒲柏（Pope, 1688—1744），英国新古典主义诗人。——译者注

③ 指1692年发生在马萨诸塞州的塞勒姆女巫审判案。当时，当地一位牧师的女儿得了一种怪病，随后，与她形影不离的其他7个女孩也相继出现了同样的症状。由于缺乏现代医学知识，当地的一个黑人女奴、一个女乞丐以及一个从不去教堂的老妇人被认为是对她们实施了巫术的女巫而遭到严刑逼供。随着事件的扩大，先后有20多人因此丧命，另有200多人被逮捕或监禁。直到1992年，马萨诸塞州议会才通过决议，为所有受害者恢复名誉。——译者注

持去安慰那些无法摆脱悲惨境遇的人。但是，迷信的狂热精神把宗教的福音变成了梦魇。基督教是仁慈的、亲切的，它可以满足我们脆弱而不完美的本性的需要，但是，迷信带走了基督教的仁慈与亲切，反而使之成为我们始终焦虑与不安的源泉。

比如，试想一下，由于基督教的腐败而产生的苦行主义尚未完全消失，它让基督徒们与世隔绝，并强迫他们采用各种极端的方式进行自我折磨，这些做法，与晚些时候在印度流行的殉夫、在恒河里溺婴或者是在装有神像的车轮下自焚等行为，难道不同样让人感到可悲，需要加以谴责吗？

错误的宗教信仰让人们的生活变得非常痛苦，而对自然的哲学研究则让人类的想象力摆脱了这种错误的宗教信仰的奴役，如果要考察哲学研究对宗教的贡献程度，我认为它是非常巨大的。与此同时，哲学也对经过变革的基督教事业起到了一定的作用。

说了这么多，我的目的就是表明，我认为有足够的理由相信：（1）科学对宗教的影响是积极的、有益的。（2）科学所支持的宗教，既与人为善，又与宗教经典对我们的教导是一致的。

在以上两点中，17世纪的思想家培根明确提出并特别肯定了第一点。尽管他描述事实的方式偶尔会显得与他的学说不一致，但他的名著《论学术的进步》（*The Advancement of Learning*）充分体现了他那非凡的智慧：“对哲学（自然哲学）知之甚少或者一知半解，就容易走向异端，但是，深入钻研下去，又会把人带回到宗教中去。因为，在哲学的入口处，人们看到的是感官，是次一级的第二因，如果一直停留在这个阶段，它就会诱导人们忘掉更高级的原因。”

……

当人们详细地论证发现真理的整个过程时，这种解释呈现的就有可能是真理，正因为如此，它可能会在若干方面与我们现有的信念发生冲突，并且也总是会与我们之前的各个时代的信念发生冲突。否则，这种解释就代表当时的哲学是有缺陷的，而且在大多数时候是错误的，它最早的那些进步也会因此变成永久的耻辱。上述两种情况中的任何一种，都不符合任一段时间里科学思想的真实状态，因此，从一开始，它就失去了或者未能赢得那些相信神圣起源的人的信任。

……

探求真理，是科学界与宗教界共同的使命，现在，为了让双方放下对彼此的猜忌，齐心协力地致力于对真理的探求，我们需要做两件事。

第一，宗教人士应该有意愿为了自己而学习科学。在了解科学之前，他们应该克制自己谴责科学的喜好。因为，如果完全熟悉那些支持科学的结论与证据，他们就可能会发现，这些结论与证据，与他们认为的对《圣经》的正确解释之间，并非是不可调和的。他们会了解到，科学中的很多结论与证据，是非常明确的，是不容否认的，而设想这些结论与证据，可能会与《圣经》的内容发生冲突，才是真正危险的。然后，他们会知道，一定要根据科学去阅读《圣经》，而不是试图用对《圣经》的解读去控制科学，因为人类是不完美的，这可能会导致在对《圣经》的解读中出现各种各样的错误。

第二，如果他们能在自己所关注的有争议的话题中，发现一些证据证明科学结论不足为信，那么，通过理解这些结论与证据，他们会让自己在争论中处于有利的地位。

不幸的是，到目前为止，在大多数情况下，那些感觉自己有义务捍卫宗教权威的人，那些认为科学会危及宗教因而反对它的人，在论争中却表现出对他们所讨论的话题的无知，这与其说是在帮助他们热爱的事业，还不如说是在伤害这项事业。

他们已经犯下了致命的错误，因为他们把大量的工作用在了否认那些事实，而不是去证明那些推论的无效上。因此，他们也就不明白到底应该把力气用在哪里，如果把力气用错了地方，那就是白费力气。在这个过程中，他们同时也失去了他们的对手的尊重，这就很自然地会让人们认为他们所倡导的事业同样也是不值得尊重的。

因此，当前，最需要做的就是，那些虔诚而热心的基督徒，也应该成为进行科学研究的人。这样一来，他们还可以让科学摆脱他们曾经指责的反宗教的罪名。如果说这种指责看上去似乎很公正，那也是因为是宗教自己主动放弃了科学这个领域。

事实上，很奇怪的是，有一些科学学部保留了宗教。就像古代教会禁止研究天文学那样，现代教会也一样禁止人们研究地理学，但人们并不认为，在这些禁令颁布之后，那些地理学家就不再是虔诚的基督徒了。

……

另外，在某种程度上，在科学家中可能也流传着这样一种精神：他们在遭受不公正的对待时，往往不屑去回应这种伤害；他们论证严密的结论没有得到尊重时，他们就可能会秉持一种过于激进的态度，认为那些不尊重他们结论的人所推崇的结论本身更值得怀疑。这是应该予以纠正的。尽管科学的目标是寻求真理，但是，在某个时期，在很多科学的教学中，它们所有的也只是一些可靠程度较高的证据而已。

在科学中，每一个学说的地位都是暂时的，都随时有可能被一个更可靠的真理所取代或推翻。现在，人们似乎有这样一种倾向，毫无道理地坚持那些并不太充分的证据，却顽固地抵制那些更确凿的证据。那些以科学名义参与论战的人，有一种自我满足式的优越感，采取一种毋庸置疑的论调，这样做只会强化双方的对立，而不会达成共识。

对于宗教人士来说，一方面，他们应该让自己更熟悉科学，熟悉那些没有宗教信仰的科学家；另一方面，他们在公开提出自己质疑性的观点时，也应该更慎重些。

请双方不要再敌视对方的指责，而是要积极地去对话、去行动。既然双方追求的是同一个目标，那就一起和谐地去追求那个目标。

类似这样的事情肯定会发生，而且肯定很快就会发生，否则，那些最值得探讨的问题就会依然隐藏在茫茫的宇宙中。科学的进步是无法阻挡的，它自身所具有的活力，会让它在随后的每一年里都能得到新的力量。不仅如此，通过把自己与人们在地球上的利益日益紧密地联系在一起，随着每一天的时间流逝，科学会得到人们更多的关注与重视。

让科学与宗教和谐相处，让它们的追随者友好地团结起来，共同致力于对真理的追求，人们不曾想到过的更大的胜利，就会成为对他们的这种团结的褒奖。

他们的劳动一定会富有成效。随着研究成果的逐年丰富，每一块土地都可以从科学中得到好处。但是，与它曾经或者能够带给人类的福祉相比，它带给我们的教育无疑更有价值。

最后，我们现在要回到我最初就请你们注意的那个想法上，我有责任也有权利在其他地方表达我的那些观点，包括对于美国学院的性质、不足与管理的看法，也包括在我们国家大力拓展学科的必要性与增强自由教育的迫切性。现在，在我即将就任这个职位时，恰好有一个开展新的科学教学的学部即将成立，对此我非常满意，因为，如果这个学部能够成功地满足我们伟大祖国的需要，那么，它就会为其他的专业学院得到更积极的对待铺平道路，包括数学、天文学、物理学、化学、道德与知识哲学、语言学、历史、政治科学、国内与国际法、伦理学、教育原理和艺术学院等，这些学院在一个国家的教育体系中是非常重要的。这样一来，因为与这些专门的、专业性的学院有了联系，哥伦比亚学院就会成为一个普遍真理的宝库，一个普遍知识的传播者，就会帮助人们去发现新的自然规律，也会帮助人们更好地运用这些规律去推动人类社会的进步。

如此一来，我们就会比较容易实现弥尔顿所描绘的美丽的理想，一种无所不包的教育——“通过这种教育，我们就可以修补我们的祖先留下的废墟；通过让我们的灵魂得到真正的美德，重新去正确地认识上帝……”

对于这片土地上那些淳朴的年轻人来说，这种教育可以点燃他们对知识的热爱与对美德的敬仰，激发他们成为既勇敢又有用的爱国者的崇高理想。我们满怀热情地希望，他们能够公正熟练、井井有条地处理一切公私事务，无论在战争时期还是和平时期。

（四）欢迎会上的嘉宾演讲

就职典礼结束之后，校长室里举行了一场平日里颇难见到的欢迎会。学院的毕业生之间长期的友谊得以重续与加强。宗教界与学界的朋友们，那些在文学、科学与艺术领域取得巨大成就的人，作为青年的教育者，受到了热烈的欢迎，人们互相问候，鼓励彼此重新投入教育这项伟大的事业中，向整个国家乃至全世界传播真正的知识。

主持欢迎会的是费什总督，他邀请许多知名人士[①]发表了一些重要的演讲。

1. 卡明斯博士的演讲

卫斯理安大学（Wesleyan University）的校长，来自康涅狄格州米德尔敦市的卡明斯（Cummings）博士的演说如下：

校长先生，各位先生们，为了响应主持人的号召，回报刚才受到的热烈欢迎，尽管事前没有准备，我还是非常乐意遵守这个历史悠久的学院、经验丰富的校长的号令，作为兄弟院校的代表来讲几句话。在这个重要而喜庆的日子里，对于这所令人景仰的知识机构新就职的校长的成功，人们已经表达了许多衷心的祝贺与热切的希望，足以代表我们这些兄弟院校的心声。

今天的气氛是非常令人愉悦的，就像我们所有学院彼此之间已有的那种最友好的情感一样。

我们这些学院都是按照同样的设计建立起来的，所努力追求的目标也是相同的；在利用各自的资源去提升人类的生活质量方面，它们之间的竞争也是高贵的，丝毫没有所谓的嫉妒或者狭隘的对抗。

大度的学者在把他最具原创性的思想公之于众时，会因为它变成了全世界的财富而欢呼；有很多方式可以更有效地推动健全知识与真正虔诚的事业的发展，每一所知识机构的朋友们，也都会因为这些方式被普遍采用而欢呼。在某种意义上，任何一所学院的财富都会惠及所有人，这是非常重要的。它会刺激它们的支

① 出席此次庆典的有纽约城市大学的校长费瑞斯（Ferris）和纽约自由学院的校长韦伯斯特（Webster）。——原文注

持者，努力提高教育的标准，提供更好的教学设施。正因为有了这种利益与意义，其他学院的很多领导与朋友，也会加入对这所学院特别感兴趣的由那些学者与杰出人才组成的队伍中来。

我们非常高兴地看到，这里已经为教育事业积累起了巨大的财富与丰富的知识，我们相信，当学院各项事务的管理明智而高效时，它一定会用这些财富与知识去推动知识的进步，增加国家的荣耀，改善人类的生活。

哥伦比亚学院早已声名远播，她的影响力已经到了无以复加的程度。在我们国家的早期历史上，她极大地提升了教育的标准，这种影响力是积极的，是令人惊奇的，已经被载入了我们国家的史册。这所学院为那些在此接受教育的学者与政治家提供了良好的训练，他们致力于公正、自由与人权方面的事业，成了历史上那些赫赫有名的善良而伟大的人物。在保证我们国家处于较高的文明程度、享受现在的公民自由与宗教自由方面，她已经做出了巨大的贡献。

作为日益扩大的教育体系的一部分，我们的学院是我们国家的荣耀，她从本质上来说是共和国的机构，教授的是真正的平等学说。哥伦比亚学院所享有的权利与荣耀更多地来自美德，而不是财富与名望。过去，哥伦比亚学院之所以能脱颖而出，是因为她对真正的国家利益的忠诚与贡献，如今，当她选择了一位以奉献而著名的爱国主义者做校长时，她再一次彰显了自己一以贯之的精神。因为他对祖国的热爱远超对个人利益的追求，他离开了他奋斗的地方，丢掉了他尚未完成的蓝图，不远万里来到了纽约州，在这里，他可以像一个真正的人、一个真正的爱国者那样去讲话、去行动。

校长是这个古老而令人敬仰的学院的最高职位，想到它的继任者是一个高尚的人，是一个令人尊敬的人，所有来自学界的朋友都对他表示了祝贺与关心，我们真诚地希望，这所学院能够在他的管理下变得更加繁荣。

2. 柯福特博士的演讲

在卡明斯校长之后进行演讲的，是来自哈特福德三一学院的校长柯福特（Kerfoot）博士，他的演讲如下：

主席先生，各位先生，对于贵校邀请“其他学院的校长”出席这个仪式的盛情，卫斯理安大学的校长已经代表我们进行了答谢。我想，他已经愉快地完成了我们向哥伦比亚学院表示祝贺、欢迎你们的新校长的任务。但是，当主席点到了我的名字，要求我再讲几句时，我还是欣然接受了，我想借此来表达我的敬意。我要说的是，就熟悉程度而言，尽管现在在座的各位中，我认识的人并不多，但我对于这座城市以及这个地方并不陌生。我的青年时代与学院生活就是在离此不远的地方度过的。

在这里，我认识了一些我一生中最亲密的朋友，收获了最真挚的友谊，这里有我早期的密友与回忆，这是一笔宝贵的财富。同样，我也非常熟悉古老的哥伦比亚学院的校园，几年前，她接纳我成为她的一分子，把神学博士的荣誉授予了我。我非常珍惜这个荣誉，并为此而感到骄傲，因为它来自这样一个著名的学府。因此，今天，在这里，我感到自己像是回家一样，我现在的祝词是我的真心的自然流露。

通常，在我们这愉快的一天中，现在这个部分与场合，很容易让人变得妄自尊大起来，当然这也是情有可原的。说出我对巴纳德校长的欢迎是非常自然的，主席先生，他对于您对他新职位的正式认识一问的回答，深得我心，可能没有人比我更能够欣赏他的这份感情了。因为我们俩的经验中有一些奇妙的巧合。不仅仅是因为我们都曾经在两个不同的南方州工作过，我们都在工作中投入了大量的财力与精力，去提升一所传播自由知识的学院；也不仅仅是因为我们在那些州努力奋斗的那些年里，得到了很多亲密的朋友们的衷心支持，并且奠定了坚实的基础，而且也有理由希望所在学院能够不断壮大；还因为他努力工作的年限正好与我相同。但很可惜的是，三年前，他的事业被迫中断了，当时，我自己的事业也跌到了谷底，在当年的夏天，圣詹姆斯学院也被暂时关闭了。

整整20年全身心投入的、成功的学院生活与工作，却以被迫中断作为结束，多年来由对工作发自内心的热爱所产生的希望，可能就此破灭了；与思想高尚的老朋友之间长期的亲密关系也就此中断，再也没有其他地方比巴纳德博士与我曾经工作的那些州能够提供如此丰富的经验了；我们在成年早期的工作是在其他地方开始的，现在要进入中老年生活了，又要转到一个新环境、新关系中继续下去。面对新朋友与新希望，我们不能忘记，也不会忘记昔日的朋友与理想，对此，我与你们的新校长感同身受。

包括他对我们过去的国旗的那些发自肺腑的讲话，我也感同身受。很高兴看到它重新飘扬起来，毫不畏惧任何的侮辱与反抗。我们知道，看到那面旗帜就意味着脱离了危险。

3. 部分贺信选录

校长遴选委员会主席收到了许多来信，并从中精选了一部分来当众宣读，下面插入的就是挑选出来的一些祝贺信，在此省去了开头与结尾。

耶鲁学院校长伍尔西（Woolsey）的来信：

如果可以的话，我非常愿意下周一去参加巴纳德校长的就职典礼，不过能否成行要看我那一天的安排：当天下午1点到晚上8点我会待在纽约，不过我在耶鲁学院的职责让我没有办法在其他时间离开。

哈佛大学校长希尔（Hill）的来信：

很遗憾我无法出席即将举行的巴纳德博士的就职典礼。就我个人而言，我非常希望自己能够出席，并且相信哈佛大学非常渴望能够与哥伦比亚学院保持友好的关系，但是，我已经有了别的安排。

联合学院副校长希柯克（Hickok）的来信：

上个月的15日，我收到了哥伦比亚学院董事会的来信，收到了这所姐妹学院亲切的问候，并且还收到了你们的邀请，请我出席在10月3日举行的校长就职典礼，在此表达我衷心的感谢。

我很高兴能够受到邀请，但我不得不说，很遗憾，学校有很多事情让我无法出席。我谨代表联合学院，对贵校的尊重与善意致以我们最诚挚的谢意，我会真诚地为即将到来的典礼进行祈祷，希望它一切顺利，也希望新校长的就职最终会让哥伦比亚的文学与科学事业更加繁荣、壮大。

汉密尔顿学院校长费希尔（Fisher）的来信：

请允许我通过您向遴选委员会表达感谢，非常荣幸受邀参加巴纳德博士就任哥伦比亚学院校长的就职典礼。这将是所有关心本州高等教育机构的人最激动的一个时刻，对此我深信不疑。但很遗憾，学校事务让我无法与你们一起见证这个幸福的时刻。在这样一位成就非凡的学者与教育家的带领下，哥伦比亚学院不仅会保持它一贯的声望，而且随着我们国家的进步，它还会进一步增加各种教育设施，到最后，我们这个新大陆的大学一定会超过旧大陆。

威廉姆斯学院霍普金斯（Hopkins）校长的来信：

收到这个邀请我感到非常荣幸，我本应该满怀感激地接受这个邀请，去参加贵校新当选校长的就职典礼。但非常遗憾的是，我当天必须参加美国传教委员会的会议。我相信，这个典礼一定会非常圆满，希望新校长能奋发有为，取得成功。

新泽西普林斯顿学院校长里恩（Lean）的来信：

接到遴选委员会请我出席贵校巴纳德校长就职典礼的邀请，我感到十分高兴，并且，直到今天，我仍打算出席。但是我发现我在学校的事务安排也是10月3日，因此无法跟你们分享这个幸福的时刻了。希望贵校这所受人敬仰、声名卓著的学院，能够不断繁荣，发挥更大的作用。

达特茅斯学院史密斯（Smith）校长的来信：

当收到邀请我出席巴纳德博士出任贵校校长就职典礼的来信后，我立即回了这封信，谨以此代表达特茅斯学院，向她的大姐姐表达问候，并为这样一个伟大时刻的到来向你们表示祝贺。感谢所有学界的朋友，让她在这么短的时间里就找到了这么合适的人选。

不过，我不得不满怀遗憾地说，我无法接受你们的盛情邀约了。刻不容缓的公务让我无法成行。由于我长期居住在纽约城里，这次给我提供了特别好的机会，可以去看看哥伦比亚学院为发展科学与文化事业提供了哪些服务，去学习并欣赏这样一个机构在一个商业性的大都市中是如何让她的影响力不断提升的。这一点尤其让我感到遗憾。

衷心祝福新当选的校长以及他即将带领的这所伟大的学院。

新泽西博灵顿学院（Burlington College）的校长奥登海默（Odenheimer）大主教的来信：

对于受邀出席哥伦比亚学院第十任校长的就职典礼，我感到非常荣幸，谢谢您并请您向遴选委员会转达我的谢意。这是学术文化领域的一大盛典，它对于贵校这样一个令人景仰、具有示范效应的学院的繁荣意义重大，遗憾的是，我的教区内的行政事务让我无法出席并享受这个庆典。

佛蒙特诺维奇大学（Norwich University）伯恩斯（Bourns）校长的来信：

收到哥伦比亚学院遴选委员会的来信，邀请我参加将于下周一举行的巴纳德博士出任校长的就职典礼，我感到非常荣幸。非常遗憾的是，我在这里承担了双重职责，现在正处于学期中间，我无法在这个时间离开学院去出席此次庆典。

但让我非常高兴的是，这让我有机会向贵院表达我最由衷的敬意。我本人也要向你们的新校长表达我最诚挚的慰问与最衷心的祝愿，希望他在这个艰巨而重要的职位上能够取得成功。我相信，像哥伦比亚这样杰出、这样有影响力的学院，它的一举一动，无论是好是坏，一定会对所有学术机构，甚至整个教育界，以及那些对教育感兴趣的人，产生重要的影响。

宾夕法尼亚阿利盖尼学院（Allegheny College）卢米斯（Loomis）校长的来信：

在此，我谨以学院的名义对哥伦比亚学院致以亲切的问候，并表达我的遗憾：有一些重要的事务让我无法出席巴纳德博士的就职典礼。

哥伦比亚学院在我们这些姐妹学院中是最古老、最优秀的，恭喜巴纳德博士即将成为这所学院的校长，也恭喜贵院即将迎来巴纳德博士做校长。

罗彻斯特大学（Rochester University）安德森（Anderson）校长的来信：

我很晚才接到请我参加巴纳德校长就职典礼的邀请函，尽管这不是你们的错，但我因此既无法回信表示接受也无法亲自参加。

对此，我感到非常遗憾。贵院即将迎来一位新校长，如果能与你们一起出席这个典礼，我会非常高兴。谢谢你们的邀请！巴纳德博士能力出众，我衷心地祝愿贵院在他强有力的领导下能够取得更大的成功！

威斯康星拉辛学院（Racine College）狄考文（De Koven）校长的来信：

我已经如期收到了哥伦比亚学院董事会的盛情邀约。但非常遗憾，学校即将举行的考试与毕业典礼让我无法出席此次盛典。我谨代表我个人以及我所在的学院，向母校第十任校长的就职典礼表达我的祝贺。

与此同时，委员会还收到了很多学院校长的来信，他们在信中表达了他们未能接受委员会的邀请的遗憾，他们是：狄更斯学院（Dickenson College）的约翰逊（Johnson）校长，博得学院（Bowdoin College）的伍兹（Woods）校长，霍博特学院（Hobart College）的杰克逊（Jackson）校长，宾夕法尼亚大学（University of Pennsylvania）的古德温（Goodwin）校长，富兰克林和马歇尔学院（Franklin and Marshall College）的哥哈特（Gerhart）校长，佛蒙特大学（University of Vermont）的特瑞杰（Torrej）校长。

4. 校友詹姆斯·格拉德的演讲

主席请学院1811级的校友，法学博士詹姆斯·格拉德（James W. Gerard）发表演说，他演说的部分内容如下：

非常高兴，在这个明媚的日子里，在这个知识分子云集的节日里，在我们母校的大厅里，我又遇到了许多年轻时的朋友，尽管时间与环境把我们分开了，但是，现在，在我们成年以后，我们又再次聚到了一起，我们不仅要表达我们对于此次庆典的祝贺，也要表达我们对能够在这个重要的场合遇到彼此最衷心的感激。

我已经从这里毕业很多年了。在这所学院的很多教室里，博学的知识守护者为我们打开了他们的知识宝库，他们所传授的知识与智慧，塑造了学生的性格，并且为学生走向社会、投身于生活这个大战场做好了战斗准备，他们希望自己的学生能够赢得胜利，但是，毕业生们惨痛的经历表明，他们可能会胜利，也可能会失败。当我们拿到了第一个学位，并且开始与生活赛跑时，只有少数的人能够在这场战斗中率先达成目标！有些人在路上跌跌撞撞，甚至倒在了路旁；有些人不顾自己的极限拼命往前赶，但很快就气喘吁吁，不得不中途放弃。

少数人会从生活中得到一些奖励，但大多数人会被生活远远地抛在后面。现在，当我回过头去看我的同伴，去寻找他们时，在他们中只有少数人还在闪闪发光。大部分人都已经早早地离世了；渺茫的希望、落空的抱负、世界的忽视，让许多开朗活泼、才华横溢、前途远大的年轻人的精神崩溃了。但许多在这场竞争中并没有过早得到承诺的人，却得到了褒奖，他们步态稳健，始终走在他们自己的坦途上。真正的比赛赛的不是速度，真正的战斗斗的也不是武力。

但是，我来到这里并不是为了布道，因为我周围有很多牧师，他们主要的工作与任务就是揭示并强化人类古老的道德与生活的智慧，这些都来自丰富的经验与细致的观察。

负责此次庆典的委员会，曾暗自赞叹这个收获的季节，我很高兴能听到一阵阵如银铃般爽朗的笑声，这些笑声来自那些博学的学者、教授、神学家，也来自正处于生活之中以及正准备开始生活的年轻的校友们。教士们看过了生活中太多的痛苦与悲伤，我喜欢看到他们暂时抛开理性的思考与凝重的表情，在节日中放松下来，偶尔可以把生命的热情融入一些小型的社交活动中。我要恭喜他们，今天是周一，不是周六，他们可以享受这个假期，在某种意义上，可以不用考虑明天。

各位董事，各位先生，当我们在崇拜日出时，我们往往看不到日落。但是，现在，老校长查尔斯·金正如日中天，就像万里无云的晴空一样，还远远没有到他这个太阳落山的时候。如果我有所谓的神力，我会停下时间的车轮，捉住正在前进的太阳。希望这不会与科学相冲突。现在，老校长精神矍铄，充满了能量，思想富有活力，又有年轻的血液，由于他的睿智与远见，他深邃的目光看到了，金钱正在给这个古老而神圣的学院蒙上一层阴影，正在侵蚀着她的根基。而在过去几十年里，这座一直在为历届学生提供庇护的茂密的森林，就像大海中不停地被后浪追逐着的前浪一样，落入了随时被砍伐殆尽的危险之中，以便为即将取代她的用大理石建成的宫殿腾出位置来。护林员再也无法保护这些树木了。

老校长打量着为他尊敬的校友与众多孩子准备的这个新家，希望这个新校址能够创造奇迹，他选中了这个偏僻的地方，之前寂静的大厅现在人声鼎沸，他下决心要让失聪者能够听见，让失语者能够说话，毫无疑问，他在被委托给他的年轻绅士们的身上创造了很多奇迹。的确，他们一定会想念他，在规定的学习时间里，他有能力赢得他们的尊重与服从，他非常清楚，孩子就是孩子，他会记得自己也曾经是个孩子，现在，我甚至可以说，他能感受到他们的快乐。

当他要担负起新的职责时，他会祝福教授们、校友们与学生们：希望他的一生既漫长又顺利，会铺满鲜花；也希望在他今后的道路上盛开着没有荆棘的玫瑰花。

董事会的先生们，我想我应该借此机会向母校表达我的感激之情，因为她最近出乎意料地授予了我荣誉，即我的法学博士学位，通常被称为“LL. D.”。我在法学方面的造诣如何，不能由我自己来说。

所有了解我的人都知道，我在学习法律上花费了大量的时间，但也浪费了大量的时间。在所有现有的这些学院里，我更加看重母校授予我的这个荣誉，因为它发现了我的真正价值，而通常这个世界对这些价值视而不见。去年暑假，我待在塞纳河畔，享受着法国首都的优雅与浪漫，就在那时，我收到了我很尊重的一位朋友——我们老校长的来信，告诉我说要授予我这个荣誉，我的爱人对此非常高兴，认为我得到了“精通埃及文化”的认证证书。

但是，在我回国的路上，没有人叫我或称呼我是博士，尽管我的很好的老朋友，弗朗西斯（Francis）博士在我得到这个荣誉之前已经这样叫了，实际上，大约三个月后，当我收到了一封来自长岛的邮件，很明显出自一位女性之手，在我的名字后面加上了“法学博士”这几个神奇的字，当时，我已经忘记了我的学位以及它带给我的荣耀。我很好奇，是什么样的奇迹，让我获得新学位的消息传到了那么遥远的地方。打开一看，是这位女士邀请我出席位于布鲁克林（Brooklyn）一所女子公立学校的展览的邀请函。当然，法学博士不能拒绝这个邀请，我出席了这场非常有吸引力的展览，大约有500名聪颖的女孩展示了她们所接受的教育的成果。这是我在社会中第一次被认作一个有学问的博士。

先生们，请允许我稍微从这个话题岔开一下，我要站起来讲，我请求你们祝福这个伟大的学院会更加繁荣。这件事表明，我们城市的公立学校，不仅与我们的教育联系密切，而且正在帮助更多的年轻人准备进入这所学院或其他临近的学院。今天在座的许多人，可能还不了解这个制度的伟大之处及其实际影响力，你们中的很多人可能也从来不曾走进公立学校的大门。因此，我要简单地说几句，解释一下这个制度伟大的目标与结果，当然，我的解释可能不够准确、生动，恳请你们谅解。

纽约州的法律中有很多条款要求纽约市支持并建立公立学校。这是通过税收实现的，纽约市每年大约向公民征收150万美元的税款，用于购买并建造大型、宽敞、舒适的校舍，这些学校也成了当地街区的一大景观。学校的大门每天都向孩子们开放，不分男女，不分民族，也不管学生的家庭背景，不收学费，没有限制，也没有什么入学考试。无论是本地人还是外地人；也无论是犹太人还是非犹太人；天主教徒还是新教徒；无论他们来自莱茵（Rhine）河畔还是利弗（Liffy）河①，来自多瑙河（Danube）还是波河（Po）②；也无论他们是富裕还是贫穷；无论他们穿着精美的紫色亚麻衣服还是破烂衣服，所有人都可以免费入学，所有人也都会被友好地接纳。

每天都可以看到，成群的儿童，穿梭在这所城市的每一条街道上，往守护他们的学校走去，他们用胳膊夹着书籍，迈着轻快而又坚定的步伐，脸上洋溢着微笑，看上去他们已经为当天的学习做好了准备，学校的校舍就像是专门为他们准备的幸福的家一样，这一切都得益于这个既美好又温柔的管理制度。

当9点的钟声响起时，从巴特瑞（Battery）到金布里奇（Kingsbridge），从东部到北部河湾（North River），在100多个这样由州建立的学校里，大约有10万名孩子正专注地开始一天的学习。在这些学校里，在能力出众的教师（其中五分之四是年轻的女士，她们在知识、道德与举止方面都受到过良好的教育）的教导下，学生受到的教育，对于学生今后可能经历的生活是非常有用的。

但是，学校教给他们的不仅仅是知识，学校也很重视学生的心灵与道德培养。一种安静而又温柔的纪律管理着他们，或者相反，孩子们通过自我约束来管理自己。

---

① 利弗河，爱尔兰都柏林的一条河流。——原文注

② 波河，意大利境内最大的河流。——原文注

每一个孩子都知道他们的职责是什么，也都知道人们对他们的期望是什么。这些职责并不是由严格而恼人的纪律强加给他们的，而是由他们的教师指示给他们的，教师传递这些指示的方式可以是温柔的一瞥，敲打一个小铃铛，或者是在钢琴上敲出一串动人的音符。

针对男孩的军事训练，针对女孩的艺术体操，伴随着动人的钢琴曲，让他们的运动变得愉悦而富有特色，快乐的大合唱响彻整个建筑，不知道的人可能会认为这里是一个游乐场而不是一个教育机构。

但是，当你走进教室，看到他们背诵课文时争先恐后的劲头儿，回答数学、地理、历史、天文学等问题时表现出的敏捷才思，以及令人羡慕的班级秩序，你会想，教师一定有什么魔法，能够让不同的孩子如此协调一致。一个参观者可能会对我们这个城市河边的那些学校丰富的资源感到吃惊。在那里，他会看到成群的孩子，他们可能来自劳工阶级，来自贫穷的体力劳动者家庭，来自各个民族，他们年轻的教师给他们带去了积极的影响。

14年来，我始终与本市的公立学校保持着密切的联系，头10年里，我是第18区一所学校的行政长官。但是，大约4年前，那个区的政治家们认为，把学校行政长官的选择权掌握在他们自己手里会更好，而我本人并不是政治家，所以他们选择了他们的政治盟友。但是，我依然保持了对区内学校的兴趣，并且继续到学校去参观。通常，本市的很多学校每天也都会请我去参观，因此，可以说，14年中的绝大多数时间，我每天看望的本市年轻人有500～1000人，我经常发表一些简短的演说，或者因地制宜地进行一些考察，努力提高他们的思想与道德水平。

公立学校也有它们的学院。自由学院（人民学院）每年大概会招收七八百名学生，这些年轻人来自不同的文法学校，而到了自由学院里，这些璞玉会被博学的教授们用高超的技巧雕琢成艺术品。

我可以肯定，那些从来不曾参观过我们公立学校的先生，如果真的去参观一下，一定会感到他们付出的时间与辛苦是非常值得的，在那里，他们有足够的理由相信，这个伟大城市中新兴的这一代人是非常有前途的，他们就不会再认为每年庞大的经费支出是在滥用人民的血汗钱了。

5. 校友黑克斯博士的发言

主席请1823级的校友黑克斯（Hicks）博士发言，他的发言如下：

感谢主席给我这样一个发言的机会，对此我感到非常荣幸。我对古老的哥伦比亚一直都怀有浓厚的兴趣，因此我放下手头的工作，从四百多公里之外赶来参加此次庆典。但是，先生们，此情此景让我五味杂陈。我发现自己在这里是个外来人。我的学院生活是在其他地方度过的，现在，那个校园只能存在于我的记忆之中了。围绕公园广场（Park Place）那座珍贵而古老的建筑，有那么多神圣而美好的回忆！我清晰地记得，当我从远方的家乡来参观这座城市时，我经过了它的废墟，看到工人们正在清理地基上仅剩的石头，一股悲哀向我袭来，让我忍不住潸然泪下。

如果说我的事业现在算是小有成就，我主要把它归功于我在哥伦比亚学院受到的教育。在她诸多能力出众的教员中，我最要感激的，就是我忠实的朋友——令人尊敬的麦克维教授，他教的是修辞学与文学。看到他今天与我们一起出席了此次庆典，我感到十分高兴。我希望麦克维教授身体健康，长命百岁。

6. 麦克维教授的答谢

麦克维教授的答谢如下：

主席先生，在这样一个喜庆的时刻，我昔日的学生现在也是满头银发，我只能尽我所能来回应他的回忆。事实上，服从学院的使命已经成了我的本性的一部分。这种服从始于我的少年时代，那是64年前，当时母校第一次要求我作为她的学生来致辞。17年后，这种要求升级了，尽管我当时还年轻，母校却要求我作为她的教授来讲话并致辞。因此，在我漫长的学术生涯中，即使现在我已经78岁了，她的话对我来说仍然像法律一样，不仅如此，我也经常把她的名字与声誉挂在嘴边，或者说，经常藏在我的心里，不管我讲的内容如何，我总是会服从她的要求。以至于现在，可以说，我感到自己人格中有一部分已经变成了哥伦比亚学院的一部分，我就是哥伦比亚学院的一分子。

对于“教授”这个称呼，我把它归功于这一届董事们的自由与仁慈，他们虽然减少了我的很多工作，但依然允许我保留这个称呼。对于“麦克维教授”，不管大家的愿望多么美好，人总是难免一死，但我几乎可以预测说，在我死后，医生们一定会发现，我的心上刻着“哥伦比亚学院”这几个字。

谈到哥伦比亚学院，虽然有人了解她的悠久历史，或者比我更爱她，但是，现在，没有哪个人会与她的早期历史之间有如此多的联系，可以说，我们是在1787年的同一天接受的洗礼。我是在她的学院钟声中诞生的，也几乎是在她著名的围墙内长大并接受教育的，虽然我接受了国外的学术训练，但我13岁之前所接受的古典文化启蒙，让我有资格进入这所学院。

接着，我成了她最年轻的学生，四年后，我毕业了，自然又成了她最年轻的毕业生。那次隆重的毕业典礼，永远地留在了我的记忆中。亚历山大·汉密尔顿[1]将军，是我们母校的骄傲，却也曾经落入不虔诚的指责[2]。这个舞台曾经被阴影所笼罩，它见证了我们失去他的伤痛。他的两个儿子，也是我们学院的学生，他的大儿子，是我们同学中年龄最大的，也是我们同一个毕业班中年龄最大的。这件事无疑让我深受触动，在汉密尔顿将军去世以后，作为他那些虔诚的崇拜者中最年轻的一位，在这个属于他自己的学院的大厅里，我恰好有一个任务，即用一篇拉丁文的颂词开始当天的礼拜，当时规定的主题是“雄辩”，汉密尔顿无疑是最当之无愧的，也是可供选择的最好的榜样。这是他死后最早发表的悼词，这让我多少有些安慰。

在我毕业13年后，我被任命为牧师鲍登（Bowden）教授的继任者，他在学院里负责各种各样的事务，而我对自己早期的教育明显信心不足，只能用自己最喜欢的格言鼓励自己，相信“勤能补拙（Perseverantia omnia vincit）”。

在我们学院的教授中，我是第一个由本校培养的，也是她自己的毕业生中第一个获得那份荣誉的人。事实上，由于我显得太年轻，当我第一次出现在学院董事会上时，年长的威尔逊（Wilson）博士——当时负责主持会议的行政领导，他问我：“麦克维先生，你多大了？”对于这个问题，我很高兴我能够这样回答：“博士，我30来岁了（其实，当时再过几天才到我30岁的生日）。”很明显，这个年龄段让我可以了解他的观点，“哦，”他说，“我

① 亚历山大·汉密尔顿（Alexander Hamilton，1755或1757—1804），美国的开国元勋之一，宪法的起草人之一，财经专家，是美国的第一任财政部部长。——译者注

② 汉密尔顿年轻时是个怀疑主义者，主要是受到了军队中的法国异教徒同伴的影响，但是，在生命的最后一段时光里，他重新皈依了他的早期信仰，仍然是一个忠诚而谦卑的基督徒。——原文注

没想到你已经30多岁了。”[①]

现在，主席先生，回到此时此景，当我环顾四周，看着我曾经的同伴的儿孙们，我非常骄傲地看到，他们中有很多人都为提高我们共同的母校的声望与影响力而做出了贡献。我常常在想，如果我吹响紧急集合的号角，把过去半个世纪里的学生与毕业生召集起来，把我们祖国各地、各行各业的学生召集起来，支持学院的发展，那将是多么巨大的力量啊！主席先生，当母校用她自己的方式，号召她的学生为她的事业而奋斗时，这是一个多么勇敢的主人啊！

但是，我这个老套的故事要结束了。看着我面前这些毕业生，我想到了我自己最早的学院生活。有一个毕业生无疑是从我手中拿到学位的人中最优秀的，他的优秀（我指的是高级数学方面）在很早的时候就已经表现出来了，所以，他的优秀并不是因为我。在几年时间里，他也成了同一个教席的教授，他的声望不断增加，不仅是国内，也包括国外。最后，我可以大胆地说，由于杰出的鲍迪许[②]（Bowditch）非常权威，我把他看作我们国家最伟大、最杰出的分析家。亨利·安德森（Henry J. Anderson）教授是我们学院最年长的毕业生，多年来也一直是我们学院博学的教授，现在又是我们光荣的董事会的一员，因此，主席先生，我希望他永远健康。

---

① 1804年，麦克维教授获得文学学士学位，1817年，他被评为教授，主要教授道德与思想哲学、修辞学、人文学等。从那时起，一直到1857年辞职为止，他一直都担任这个教席，他也教授自然神教与天启宗教。1864年，他从这一职位退休，又成为基督教神学的名誉教授。1825年，他被本学院授予神学博士的荣誉学位。——原文注

② 鲍迪许·内森尼尔（1773—1838），美国数学家和天文学家，因航海方面的著作而闻名。——译者注

7. 教士代表蒙哥马利博士答谢

牧师蒙哥马利（Montgomery）博士，被推举为教士代表进行答谢，他的讲话内容如下：

主席先生，非常高兴能作为代表来讲几句话，按照议程安排，在这个热烈而又重大的场合，发言的应该是知识界的朋友们与健全教育（sound education）的促进者们。宾夕法尼亚大学，没有她的姐妹学院那么有名，尽管我是这所大学的毕业生，但我也住在纽约，也是古典文学的狂热爱好者，因此，我非常乐意看到哥伦比亚学院声誉日隆。

随着重要性的日益增长，我已经看到哥伦比亚学院杰出毕业生的人数在逐年增加。我们深信，由于她历史悠久、备受瞩目，因此，她对于这个大都市负有伟大而崇高的使命。对于这样一所资金雄厚、位置优越、声名远播的学院，我们有足够的理由期待她会培养出更多杰出的人才。

通过教授们、校友们与董事们的齐心协力，这所令人敬仰的学院一定会成为大学，即便就“大学”这个词最严格的意义而言，也是名副其实的。在那里，语言学、哲学、历史与物理学、数学与法学等科学研究的每一个分支，都有人在研究。不过，先生们，学院的目标不仅仅是传播知识，也包括弘扬美德，那些古典式的大厅里，每年都应该培养出一群高贵的年轻人，培养出有才且高尚的公民。

我相信，我们都注意到新校长的就职演说特别提到了这个问题。忠诚于管理职责非常重要，对于他的这种观点，我们都深表赞同。这个公正而崇高的宣言，引起了我内心深处的共鸣。我要问的是，我们到哪里去寻找这种神圣的爱国主义原则呢？尤其是在我们深爱的祖国经受痛苦考验时，除了那些特定的区域，就只有哥伦比亚学院了。自由学科在塑造真正的人性方面作用巨大，而哥伦比亚学院正在教很多年轻人学习那些自由学科，他们将是国家未来的公民与政治家。

先生们，到目前为止，我有意忽略了我们的庆典程序及其特性。在哥伦比亚学院的历史上，这样一个重要的日子一定会被后人铭记。我们带着敬意与羡慕之情，聆听了令人敬重的校长对哥伦比亚学院的赞美，出于各种各样的信任，他已经与我们这个知识机构联系在了一起。我们已经加入现场的教授们对她的颂扬之中。不过，我们似乎忘了专门谈谈哥伦比亚学院的那些学生，在他们最年轻的时候，他们深爱着他们的母校，他们把这些古典式的大厅留在了身后，连同所有他们熟悉的各种关系，他们很快就走上了残酷的战场，慷慨地为受到重创的共和国献出了他们的生命。

先生们，我们衷心地感谢这些高贵的年轻人所做出的爱国主义奉献。我们相信，通过勇气与自我牺牲，他们已经为他们的母校增光添彩了，这更增加了我们对他们的钦佩之情。

在哥伦比亚学院的教育之下，为了真正地捍卫人权，他们走上了保卫祖国领土完整与人民生命的战场，他们是真正的胜利者。当我们看到他们忍着痛苦，面临冲突的危险时，我们因此而受到了鼓舞，我们更坚定地相信，正义的事业一定会取得胜利，国家的荣誉一定会得到捍卫，而这场卑劣的叛乱终将被彻底地镇压下去。当我们重新获得和平与统一之后，我们相聚时会感到更加幸福，我们会激动地把哥伦比亚学院的学生军的名字，铭刻在我们学院杰出人才的光荣榜上。现在，主席先生，我就要结束我的演讲了，我要再次感谢你们的盛情款待。正如刚才我已经暗示的那样，最后，我和我的教会的兄弟们提议，感谢那些为了这次庆典而辛勤付出的人，希望他们的杰出代表、非常称职的董事会主席，令人敬仰的汉密尔顿·费什先生，幸福安康。

8. 部分校友的来信

下面这些信来自学院的校友们。

伊利诺伊的主教，怀特豪斯（Whitehouse）博士的来信：

就在昨天晚上，我收到了遴选委员会的邀请，请我出席哥伦比亚学院第十任校长的就职典礼。

我深爱着我的母校，并以此为荣，我的四个儿子也在她那神圣的大厅中接受教育，因此，她始终萦绕在我个人的生活与情感中。

然而，在这样一份简短的便笺中，我没有办法保证自己能够出席此次庆典，因为我要出席周二在克利夫兰（Cleveland）举行的传教团委员会的年度会议。

在此，我不得不表达自己对此事、对整个学院的荣誉与使命的最衷心的祝福。

我很早就认识巴纳德博士了，我也非常钦佩他。我相信，由他来担任校长，一定能为学院与公共教育事业做出突出的贡献。

罗得岛（Rhode Island）劳伦斯（Lawrence）的来信：

15日的来信收悉，迟复为歉！我希望自己在下周一能够出席巴纳德博士出任哥伦比亚学院第十任校长的就职典礼，并以此表达我对母校的敬意。我甚至想象过能够遇到多少46年前的老同学，那些曾经与我一起接受学院荣誉的人。但是，在委员会的成员中，我只认出了一个人的名字，他是我少年时期的一位朋友[1]。在4年的学习生活中，他始终保持着领先地位，对此，所有同学都感到不可思议。此外，在我年轻的时候，学术委员会曾任命过一位教授，他就是令人尊敬的麦克维博士，他所任教的科目，正好属于我的专业范围，因此我感到上好他教的课是我最大的义务。很遗憾我无法出席此次庆典，但还是非常感谢你们的邀请。

还有一些人也来信说他们不能出席此次庆典，其中有令人尊敬的威斯康星的主教凯姆坡（Kemper）博士、弗里德里克·菲利普斯（Frederick Philipse）先生、尼克（H. Nicoll）先生、萨克里（R. Suckley）先生等。

9. 出席欢迎会的校友名单

有很多校友出席了此次庆典。

我们在此记录下这些年长的毕业生的名字，他们借着出席此次庆典的机会，证明了他们对于母校的关心与尊重。要得到所有出席者的名字很难，因此下面的出席者名单中可能会有一些遗漏。

以下校友曾是董事会成员或学院教职员工：

1801级校友古丽安·沃布兰克（Gulian C. Verplanck），法学博士

1803级校友古弗尼尔·凯姆博（Gouverneur Kemble）

1806级校友威廉姆·邓斯克布（William E. Dunscomb）

1808级校友休·马克斯韦尔（Hugh Maxwell, A. M.）

1811级校友约翰·布朗（John Brown），神学博士

① 指亨利·安德森博士（Dr. Henry J. Anderson）。——原文注

1811级校友詹姆斯·杰拉德（James W. Gerard），法学博士

1819级校友威廉姆·约翰逊（William L. Johnson），神学博士

1820级校友萨缪尔·约翰逊（Samuel R. Johnson），神学博士

1821级校友乔治·费什（George H. Fisher），神学博士

1822级校友阿德里亚·穆勒（Adrian H. Muller）

1823级校友约翰·黑克斯（John A. Hicks, D. D.）

1825级校友亚历山大·莱昂纳德（Alexander S. Leonard），神学博士

1827级校友威廉姆·柯若思比（William H. Crosby），教授

1830级校友乔治·艾兰德（George Ireland, C. L.）

1834级校友詹姆斯·毕克曼（James W. Beekman, A. M.）

1835级校友艾沃特·敦克尼可（Evert A. Duyckinck， A. M.）

1835级校友威廉姆·威尔逊（William H. Wilson, A. M.）

1838级校友约翰·诺克斯（John M. Knox, A. M.）

1846级校友威廉姆·麦克维（William A. McVickar, A. M.）

1850级校友查尔斯·施礼曼（Charles A. Silliman, A. M.）

以下校友是校友会的代表：

1816级校友弗里德里克·佩耶斯特（Frederick De Peyster, A. M.）

1838级校友曼瑟·柏科斯（Mancer M. Backus, A. M.）

1843级校友乔治·夸肯波斯（George P. Quackenbos, A. M.）

1846级校友杰拉米·劳德（Jeremiah Loder, A. M.）

1853级校友万·杜泽（A. S. Van Duzer, A. M.），校友会秘书

1853级校友威廉姆·法瑞英顿（William G. Farrington, A. M.）

1859级校友约翰·克劳比·布朗（John Crosby Brown, A. M.）

1860级校友尤根·波默罗伊（Eugene H. Pomeroy, A. M.）

1861级校友格拉茨·纳瑟（Gratz Nathan, A. M.）

1863级校友埃米尔·拉科比（Emile Lacombe, A. B.）

10. 社会各界人士的贺信

下面这些信来自那些对教育感兴趣的人士，他们也受邀出席了此次庆典。纽约州的秘书威廉姆·施华德（William H. Seward）的来信：

衷心地感谢你们邀请我参加巴纳德博士出任哥伦比亚学院校长的就职典礼。

我对贵校非常敬仰，对即将掌管贵校的这位杰出的绅士也非常尊重，这让我很乐意接受你们的邀请。但是，我在这里有很多不得不处理的日常事务，因此无法出席此次庆典。

来自令人尊敬的苏布瑞克（Shubrick）的信：

感谢哥伦比亚学院董事会邀请我参加巴纳德博士出任贵校校长的就职典礼。对此，我感到十分荣幸。但是非常遗憾的是，我的行政事务让我无法接受这次邀请，无法出席此次庆典。哥伦比亚学院有许多杰出的校长，这已经成了她的一大特点，现在，她又即将迎来一位博学而雄辩的绅士，我想他是非常合适的人选。最后，特向董事会表达我的祝贺，祝贺你们!

海岸测量委员会黑拉德（Hilyard）的来信：

非常遗憾，由于行政事务，我无法参加巴纳德博士的就职典礼，但我很荣幸能够收到这份邀请。

作为巴纳德博士的一个朋友与他的助手，毫无疑问，我对此次庆典是非常感兴趣的，谨以此表达我对他最诚挚的祝贺。也祝愿在他的领导之下，这个历史悠久的学院会更加繁荣。

施礼曼（B. Silliman）教授的来信（他因病无法参加）：

很荣幸收到了您在9月15日邀请我参加巴纳德博士出任哥伦比亚学院校长就职典礼的邀请函。

很遗憾，我没有办法出席此次庆典。但是，这让我想起了哥伦比亚学院的两任老校长：第一任校长，来自康涅狄格州的萨缪尔·约翰逊（Samuel Johnson）；他的儿子，后来非常出名的威廉姆·萨缪尔·约翰逊接任职位，即使在晚年，他仍然是一位耀眼的榜样，在斯特拉特福德（Stratford）举行的他的退休仪式上，我曾经和他有过会面并得到了他的鼓励。你们的新校长，包括两任约翰逊校长，都是耶鲁学院的毕业生。

我们非常高兴地看到，哥伦比亚学院的财富与声誉在不断增长，她的毕业生中，有许多人都被载入了我们国家的史册。

费城贺拉斯·比尼（Horace Binney）的来信：

昨天，我收到了贵校委员会热情的邀请函，请我参加贵校校长巴纳德的就职典礼，落款日期是9月15日。

你们的新校长，是我40年的老同学，没有什么事情比出席他的就职典礼更让我高兴的事儿了。但是，由于我出差太久，刚刚才回到办公室，因此下周一我无法离开。谢谢你们热情的邀请。请接受我对贵校的祝贺，恭喜你们找到了一个最称职、最有能力的校长。

来自布鲁克林的艾德蒙得·布伦特（Edmund Blunt）的来信：

很遗憾，我无法参加巴纳德博士出任哥伦比亚学院校长的就职典礼，因为我必须离开这个城市几天。作为一位宗教界与知识界的朋友，我为自己母校辉煌的前途感到高兴，也希望她继续培养出优秀的毕业生。

美国少将塞拉斯·凯西（Silas Casey）的来信：

很荣幸收到了出席巴纳德博士就职典礼的邀请函，请接受我诚挚的谢意。然而，很遗憾我无法参加这一盛会。

考虑到我与巴纳德博士的私人情谊，我就更感到遗憾了。我认为他是一个绅士，一个具有深刻造诣的学者，我个人对他充满敬意。

美国海军少将戴维斯（Rear-Admiral C. H. Davis）的来信：

当贵校9月15日的邀请函送达华盛顿时，我正在剑桥。巴纳德博士是我的朋友，我很遗憾无法出席他就任哥伦比亚学院校长的就职典礼。我在贵校也有很多的老朋友，当时她的老校址还在公园广场。他们把我带回了遥远的过去，当时，担任希腊语教授的是莫尔博士，我经常到他的房间去拜访他，并且通过他，我与麦克维博士，以及其他一些与贵校有关的知名人士都很熟悉。

我谨献上我最真诚的祝福。衷心希望我们国家能够打破对科学与古典教育的限制，并借此让我们的社会在某些方面达到它应有的高度。通过新的、专门的法律，让我们的国家与社会更加优雅、更有文化、更加辉煌。

还有一些先生的来信，也表达了他们无法参加此次庆典的遗憾，他们是：

尊敬的市长乔治·布伦特（George W. Blunt）先生，格拉夫·巴顿（Graeff W. Barton）教授，吉乐斯（W. Gilliss）先生，美国少将巴纳德（J. G. Barnard），总督弗劳德·约翰（Floyd Jones），詹姆斯·唐纳（James D. Dana）教授，马科林（D. V. McLean），国家天文台的弗格森（J. Ferguson）先生，圣安德鲁斯协会主席理查德·艾文（Richard Irvin），艾尔曼·利特文（Emlen T. Littell）先生，达切尔（Dutcher），美国西点军校博因顿（Boynton），丹尼森（S. D. Denison），约翰·特拉维尔（John Travers），约翰·麦克林特克（John McClintock, D. D.）。

（五）致谢

在结束这次叙述之际，遴选委员会希望表达他们对几位绅士的谢意，在委员会履行自己的职责时，这几位绅士以不同的方式为他们提供了最有价值的帮助，并极大地促成了此次庆典的成功。

这些绅士是：法学博士派克（Peck）教授，校友会秘书万·杜泽——他是当天的司礼官，委员会要特别感谢他们非常迅速、熟练并充满活力地执行了分配给他们的任务；也要感谢几位年轻人，他们是司礼官的助手、信息员：四年级的莱诺克斯·史密斯（Lenox Smith），三年级的劳德（D. Lord），二年级的克莱若斯·海德（Clarence Hyde），一年级的詹姆斯·布劳迪（James M. Brady）。学院才能出众的图书管理员威廉姆·琼斯（William A. Jones, A. M.）（现在应该是博士了）同样提供了很重要的服务，委员会也对他表示感谢。

三

关于教育与州之间关系的演讲[1]

① 这是1879年7月10日，巴纳德在纽约州议会厅举行的纽约州立大学首届校务委员会会议上的演讲。——译者注

1879年7月10日

校长先生：

1783年11月25日，英国军队在盖伊·卡尔顿爵士[①]的带领下，撤出了纽约城。在过去长达7年的时间里，整个国家都深陷于悲伤和焦虑之中。自此，血腥与战火带来的惨剧终于结束了。同一天，美国联军的首席指挥官（commander-in-chief），在卓越的纽约州总督乔治·克林顿（George Clinton）的陪同下，进入了纽约城。炮台上的炮兵部队鸣响了礼炮，乔治堡（Fort George）[②]的旗杆上升起了星条旗，以欢迎他的到来。

受到重创的城市再次得以自由地呼吸。

几乎是在这场战争一开始，这个不幸的小镇就落入了敌军之手，在随后长期的敌对占领中，它所遭受的破坏要远远超过普通军事管制带来的破坏。甚至就在它陷落之际，它的人民对被征服所带来的耻辱与痛苦还比较陌生时，就遇到了一个非常可怕的、新的灾难，即被征服的痛苦，此外还有直接的、更多是物质上的损失所带来的威胁。

1776年11月20日这一天，是纽约历史上非常需要铭记的一

① 盖伊·卡尔顿爵士（Sir Guy Carleton, 1724—1808），曾任加拿大总督，北美独立战争爆发后，盖伊于1776年8月底率兵进攻纽约并取得了胜利。1783年，英美签订《巴黎和约》，英国承认美国独立后，盖伊遂率领军队撤出纽约。作者在这里谈论的就是这件事。——译者注

② 纽约州边一个小镇名。——译者注

个悲惨之日。时间是午夜。豪（Howe）[①]带领着他那精疲力竭的军队，刚刚到达他们在该城东北角的露营地，就在他们还在搭帐篷时，南方的地平线上升起了一大片烟雾。随后，白厅驻地（Whitehall Landing）附近就看到了炮火，很快，巨大的火焰沿着河流迅速蔓延开来，沿着中央大道蔓延到纽约城的核心区，从南边的鲍灵格林（Bowling Green）再蔓延到北边的圣保罗大街，这里曾经集中了纽约城最值得夸耀的那些财富、艺术品与建筑等，但在短短的几个小时里，整个地区就变成了一个废墟，只剩下了大火烧过的焦土和浓烟。在比较富有的市民阶层中，有四分之一的人一夜之间变得无家可归，相当多的人消失在了烟雾与火海之中。

随后的几年，人们过得非常悲惨，根本无法腾出手来修复被破坏的一切，或者是消除人们眼中那令人心碎的眼神。甚至人们根本没有进行这些尝试的愿望或勇气。伴随着军事占领而来的，是所有的商业、外交与内政都不复存在，人们的精神完全陷入崩溃。

这个命中注定倒霉的地区非常悲惨，城镇残存的那部分在大火肆虐之后同样也陷入了困境。因此，到最后，当7年前在豪抵达后仓促逃亡的爱国人士，回到他们长期遗弃、现在依然残破不堪的居住地时，他们看到的是非常令人悲伤的景象，迎接他们的是充满悲伤的眼神，即使是他们新建立起来的对自由的追忆，也无法排遣这种悲伤的情绪。

---

① 威廉·豪（William Howe，1729—1814），英国军人，在美国独立战争期间升任英军总司令，曾率军在1775年9月从托马斯·盖奇手中接过英军总司令一职。他曾先后率军夺取纽约和费城。1778年，因作战不利辞去总司令职务，回到英国。——译者注

随着州的立法机构的恢复，人们开始有了希望，一些活动开始复苏。但是，要想让这个遭受沉重打击的城镇恢复到早期那样繁荣的程度，进程是非常缓慢的，甚至慢得都感觉不到。因此，6周以后，当纽约州第一次在制宪大厅召开立法会议时，就在我所描述的悲惨景象中，这个城镇开始运转了。采取哪些措施，能最快地恢复这个国家一度失去的繁荣，这几乎是每一个成员都在急切思考的大问题。因为，不仅是纽约城，整个合众国（Common Wealth）都变成了一座大废墟。战争已经耗尽了它的各种资源。所有的工业都停滞了，农业也只是维持着非常有限的活力。公共信用降到了最低谷，私人信誉不复存在。合法的交易中介异常脆弱、毫无价值，这让每一笔普通的商业交易都蒙上了一层投机的色彩，这种投机完全主宰了普通商业的运行。

在和平之后的立法会议召开前，总督发布的第一个布告，就描述了上面的那些情况。这个布告表明，行政首长坚信，在战争带来的所有灾难中，最严重的灾难是无知，即由于学院的解散和学校的关闭而给正在成长的一代人带来的无知。在他心里，在百废待兴的各种事务中，在公共财政极其有限的情况下，再没有什么问题比教育更重要了。因此，必须马上就公众关心的这些主要事务采取立法行动。于是，他发表了这段令人难忘的言论："在战争带来的所有恶果中，忽视年轻人的教育是其中之一。既然虔诚和美德通常都是经过启蒙的结果，或许，没有什么比复兴知识中心更值得人们关注的了。"

总督的这个建议非常明智，迅速得到了参众两院的支持。他们迅速提出了一项议案，并且在随后的5月1日通过了这项议案，形成了一部法律，其中有一项条款是："要在该州建立一所大学。"在这个法案中，对该大学组织的各种特性的描述，最大限度地综合了迄今为止这片大陆所建立的所有教育机构的方案。在过去的这个世纪里，随着它的不断发展，我们有足够多的理由为这个辉煌灿烂的高等与中等教育制度感到自豪，到目前为止，它让纽约在很多方面都领先于其他姊妹州。

最初的法案，在有些方面被人指出了缺陷，这主要是因为它太过复杂，因为它试图把一般的监督原则与对特定机构事务的特殊管理结合起来。三年以后，作为一个有成就的学者和一个富有远见的政治家，亚历山大·汉密尔顿认真地准备了一部更完善的法律，弥补了早期法案的一些不足。根据这部更完善的法律，今天的这所大学成立了——在一个以持续的效用为标志的世纪即将结束之际，这所大学，把她的朋友们团结在一起，把那些已经享受过或帮助宣扬她的好处的人联合起来，准备去开启她自身历史的新纪元。

贵校校务委员会（board of regents）邀请我，在你们的第一届大会上进行演讲，对此，我感到非常荣幸。为了更好地履行我的义务，我要用分配给我的时间来讨论下面这些话题——州与教育的关系；州为它的公民提供教育的责任；这种责任的程度以及它的依据。这样做一方面是考虑到州在教育体制中的功能，另一方面是因为我在公共杂志中不时看到人们对于教育问题在认识上有一些分歧。

很明显，“州对于教育有何种责任”这个问题，从来没有明确的、让所有人都满意的回答。人们在讨论这个问题时，通常更多的是出于情感而不考虑逻辑，特别是那些对这个问题持非常开明的观点的人。有一些貌似合理的论证，通常都是下面这些富有成效的主题：教育具有巨大的影响，需要尊重人类的智力与发展人类智力的文化，无知盛行的社会非常悲惨，并且无知通常会带来罪恶。这些命题非常有说服力地表明，教育是一件好事，但是，他们并不能明确地证明，政府对教育负有责任。健康、虔诚、好性情，都是好东西，但是这并不能自然地得出结论，说政府应该建立一些机构让人变得虔诚、健康或脾气好。此外，除非经过长期的过程，否则人们并不能够很明显地感觉到教育的巨大影响，因此，这一主张的重要性，主要适用于高等教育，而高等教育又只是少数人的特权。

不过，谈到教育的重要性，不管是对于州的繁荣还是对于个人的幸福，人们的观点并没有什么分歧。应该多少给年轻人提供一些教育，这是一个普遍共识。但是，州自身应该在何种程度上承担这个重要的责任，是否应该制定一些教育制度、建立一些教育机构，是否应该要求和强迫那些应该受教育的个体接受教育，是否应该负担这些机构的运行成本，这些问题在知识分子中有很大的分歧。甚至对于州是否应该让自己卷入教育事务本身都没有形成普遍的共识。有一些激进分子，坚持教育是纯粹有益于个体的事务，与州无关，认为州不应该涉足其中。也有一些极端分子反对这些主张，他们坚持教育的好处是非常普遍的，州应该全面介入其中，应该普遍地提供初级至高级的各种教育，并且应该完全免费地向所有求学者开放，不能收费。持这两个极端观点的人，在总人口中的比例并不大，但是，在地方上，后一种主张非常强烈，它的观点在实践中也可以找到例证，那就是纽约州立大学，这所以一州之名命名的大学，是目前世界上唯一一所全面免费的大学，它的学生人数也是最多的。对于州应该承担什么样的义务，以及它不能干涉教育的边界在哪里，上面所提出的两种极端观点也有一些共同点。更确切地说，它们有的只是一些共同点，但不是共识。

这种观点上的巨大分歧表明，人们对于下面这个事实缺乏普遍的共识，即关于人们所讨论的这个问题，可能有若干确定的原则可以作为推论的依据，根据这些原则，就可以确定政府维持教育的义务应该履行到何种程度。但是，现在对于这个话题的讨论，哪怕在最低限度上也几乎没有涉及这些根本的原则，而只是关注教育的直接结果，即让一个个体成为一个更好的人，并因此推论让他成为一个更好的公民。如果采用这种方式进行论证，那就不必去推导结论了，因为它可以证明的结论太多了。它也可以证明，既然我们应该有免费的公立学校，那么我们就应该有免费的国立大学和免费的州立学院。因为一个社会的繁荣，要依靠它的成员的普遍智力，因为受过教育的人会自然地成为社会的领导者，因为把穷人排斥在高等教育之外不利于他们公平地参与竞争，因为免费提供最大程度的教育，是准确地鉴别社会底层潜在的人才的唯一手段，也是发展他们的天赋并让他们具备服务能力的唯一手段。很明显，所有这些都是潜在的原因，都可以回答为什么应该免费向所有人提供接受高等教育的机会。

但是，这些主张不仅适用于专门的、技术性的或者专业性的教育，它也适用于所谓的通识教育和自由教育，或许还适用于很多其他类型的教育。当我们说一个人的财富取决于他的一般智力时，我们谈论的是一种间接的联系或是未来的联系。但是，对于同一群人而言，在经济繁荣与机械技术教育之间，这种联系就是直接的、立竿见影的。如果说，否认穷人接受普通教育的机会，是一种歧视，那么，把他们排斥在需要科学与学识的职业之外，不同样是一种歧视吗？在要求以公共开支免费向所有学者开放人文学院（Literary Colleges）的主张中，每一个论据也都可以同样用来证明下面主张的正当性，即应该支持免费开设农业和机械技术学院、工程学校、冶金学校、化学分析学校和其他技术类学校，最后是免费开设法律学校、医学学校，甚至为什么不能免费开设神学院呢?

到目前为止，虽然他们还没有把这个逻辑推向极致，但是，他们已经在这样论证农业和机械技术学院了。他们已经要求国会对每个州的这类学校进行大规模的捐赠，并且国会也已经慷慨地答应了这一请求。[①]但是我们并不能因为国会这样做了，就自然地认为这种行为是明智的。对此，我只想评论一点，让这项法案通过的那些考量，可能并不是我上面所谈的那些宏大而开明的理由，就逻辑上的推论而言，国家既可以无偿资助培养律师和工程师的学校，也可以无偿资助培养机械工人和农夫的学校，但是事实上，政治家们非常清楚，无论如何，我们国家大量需要的是机械工人和农夫，而不是工程师或律师。

在这种情况下，如果说政府有责任，这种责任也应该根据各个州之间的差异而有所区别。

人们组建政府的目的很明确，也很简单：

（一）提供共同防御；

（二）保护公民的人身权与财产权；

（三）为公民和平地追求他所选择的事业提供安全保障；

（四）为实现公正而提供法律裁决；

（五）与其他政府打交道，协调可能由此而引发的各种问题，不管是友好往来还是诉诸武力。

① 这里说的是林肯总统签署通过的《赠地法案》，它不仅为政府拨地兴办高等教育提供了法律依据，而且推动了针对美国高层次农工的实用科学与技术人才的培养，催生了一批所谓的“赠地学院”。——译者注

严格来说，只要这些管理行为或措施是合法的，它们多少都会直接促进上面所列举的这些目标的实现。但是，作为统治者，他们通常更倾向于扩大权力，已经出现的很多政府行为，都无法通过这种严格的检验。我们的宪法授权国会可以通过税收筹集资金，也授权它为了某些目标而有权支配相应的开支：第一，为了详细阐述的那些目标；第二，为了那些虽然没有明确规定，却被认为是有利于公共福利的目标。人们对这一条款的解释非常随意，实际上，只有根据宪法中未成文的规则才能恰当地解释它，它是先于宪法的理性之法，是确立宪法的原则。它把代议制政府的一些举措限制在真正地促进人们组建政府的那些目标上。从其他方面去理解公共福利，会导致各种可能情况的发生，结果可能是非常危险的。如果可以为人们提供持久而又有经济回报的工作，或者即便不能如此，如果能够给他们提供足以维持舒适生活的津贴，无疑就是在促进公共福利。但是，这并不是州政府要做的事情，因为，提供这些与政府正当存在的那些目标毫无关系。在我们的国民中，有一些人，在其他国家中，也有很多人都相信，如果由州来从事所有需要大量资本和众多资源的伟大事业，并且严禁各种团体参与，就一定会促进公共福利的提高。也有些人相信，这个说法是一个巨大的错误。但不管它是对是错，实际上根本不会有什么结果，因为它并不属于政府法定范围内的事。在我们国家的有些地方，公共舆论往往非常相信，大量发行无法兑现的国库券，放弃使用任何形式的货币，就可以大幅度地提高公共福利。政府不应该去做人们要求它做的事情，我们不需要为了得出这个结论而讨论上述信念是否合理，因为这种行为与政府需要履行的责任之间的冲突是不证自明的，政府的责任是保护财产权，维持或至少不损害价值观的稳定性，而上述行为会极大地破坏这种价值观的稳定性。

因此，为了表明州在给人民提供教育中的责任，仅仅宣称提供这些教育对于促进公共福利是必要的还不够。我们还需要进一步表明，提供这些教育，有助于实现政府在一些重要方面的真正目标。

现在，为了令人满意地实现这些目标，人们不应该质疑公众的期盼，即人们渴望那些直接担任各项事务领导的人，拥有最丰富的学识和最良好的精神修养。人们应该思考的是，如何确保他们具备这些品质。但是，通常，人们也应该拥有同样的智慧和教养，这对于一个好政府而言同样至关重要，但这一点却经常被人忽视。有些州的统治者属于或者来自某个人数有限的特定阶层，对这个特定阶层的教育足以保证他成为一个好的统治者。但是，即便是在这样一个州里，也绝不意味着政府不需要对人民进行教育，或者政府可以漠视对人民的教育。因为，即便是为了统治者的利益，也应该让人民富足，让工业繁荣，而这就需要聪明的产业工人。历史常常告诫我们这一点。

不过，政府之所以愿意推动公共教育，是因为发现，不仅可以用公共教育提高人民的智力，还可以借机引导人民的情感。政府对公众对公共政策的质疑很是头痛，由政府来监管教育体系，可以降低此类质疑产生的概率。在保障政治制度的稳定性方面，一个精心设计的教育制度通常比司法制度更有效。

这样一种教育制度，是体现政策的实践智慧的极好实例，它可以预防犯罪行为，或在犯罪行为发生后采取限制或补救措施。州政府要承担起教育青年的责任，其理由在一定程度上与一个代议制政府必须承担教育青年的责任是一样的。如果说产业工人会因为贫困而对社会安定产生威胁，那么这种威胁的程度在任何一种政府形式下都是一样的。

然而，对于一个民主的政府来说，还有一些额外的理由可以解释为什么要教育它的公民，而且，如果可能的话，还要很好地教育他们。在这样一个政府中，州政策中的每一个重大举措，最终都是由人民来决定的，这种决定的明智程度，主要取决于普通民众的明智程度。无论如何，事实是人们常常认为，由公众投票来决定公共问题，即是公众意愿的表达，也是公众判断的表达。但很不幸的是，投票代表的其实只是公众的意愿。这种区分很重要，我们有理由认为，那些明智的（enlightened）自由人在进行投票时，并不是根据一项提议的价值而投的，而是根据这项提议所带有的党派色彩，或者是受到了他所在地区和邻居的影响。

的确，刚才谈到的很多问题在本质上都太过复杂，普通选举人无法根据它们的价值进行正确的判断，甚至那些受过良好教育的普通选举人也无法进行正确的判断。根据共和党人的抽象理论，所谓的代议制政府，不应该这样来判断，也不应该假定它们把公众投票当作直接裁决。该理论认为，代表们不仅要代表整个选区采取行动，而且要代表整个选区进行思考。它把“政治艺术是一门科学”这个命题当作不证自明的公理，这一命题认为，一个人除非经过深入的学习，彻底掌握了过去的经验，并且对当前的状况和需要进行大量的观察，否则他是不可能成为专家的。因此，根据这种观点，正如法律问题应该由法官来决定一样，州的政策问题，也应该由议员们来决定。

在这个理论中，同样有一个必要的前提假设，即它的代表应该是一个议员，或者这个代表的品质应该符合或接近他所代表的社区的要求。社会中可能有人会通过接受高等教育获得丰富的知识，经过专门的训练强化他的官能，而议员就应该是这些少数人之一。他可能十分精通历史，熟悉公共经济与管理科学的原则。他的同胞们把他选举出来，是因为他所拥有的这些品质，也是因为他们认为他比他们更聪明，可以通过他而让他们从中受益。随着他的经验逐年增加，他所拥有的权力也会增大，而这又会反过来完善最初让他获得杰出地位的那些品质。考虑到这一点，最后，他无疑会永远保持他的杰出地位。因此，从理论上来讲，在一个完美的代议制共和国，州的事务会明确地被限定在有限的少数人手中，他们受过训练，富有经验，能够胜任他们的职责，不管是在一个贵族制政府中还是君主专制政府中，情况都一样。其中的差别仅仅在于，在共和制政府中，统治者和法律的制定者所获得的极大信任，来自他们同胞的自由选择，而不是通过继承或宣扬君权神授。

但是，理想的代议制共和国只是一种空想，一个纯粹的乌托邦式的梦。事实上它从来不曾存在过。只要人类的本性不变，它就永远不会存在。我们自己的联邦宪法为我们提供了这样一个方案的框架，它的目的可能是反映现实。我们选择那些人做我们的代表，是因为他们具有深厚的文化水平、丰富的知识、准确的判断，在高尚的原则方面素有声望，不过，尽管事实的确如此，但这些特征往往更多的是一种偏见，并不会帮助某位候选人在政治上取得成功。人们期待代表们服从他个人信念的指导，或允许他在对公共问题进行投票时做出他自己最好的判断，但事实是：他的任务是事先规定好的。如果抗拒，他会付出代价，失去他的职位，甚至受到其他惩罚。因此，在我们的立法会议中，对各种问题的最终决定，是根据大多数人的声音或举手表决的，只要这种情况不改变，那么，我们的代表有没有能力、知识是不是渊博、是聪明还是愚蠢、是健谈还是沉默，这些就不重要了，因为无论怎样，最终的结果都是一样的。从计算选票的那一刻起，就已经预示了它的结果。

不管怎样，通常，这些代表并不缺乏能力，并不愚蠢，也并不沉默寡言，更并不无知（尽管他们常常显得无知）。所有这些并不意味着选民们不关心代表们在州议会中代表他们讲话的方式。他们宁愿选择一位强人，因为他们希望从他的力量中受益；他们尊重知识分子，但并不完全尊重他们的独立思考。简而言之，他们需要的代表是一个倡导者而不是一个裁决者。

其中的原因并不难发现。在我们立法厅的争论中，只有少数争论可能与最终要采取的措施有关，在100次争论中，可能有99次是早在辩论之前，人们就已经完全知道了最终的结果，然而，对于再次选举之后同一个立法团体可能的构成人员来说，这些争论关系重大。因此，大量的辩论会定期充斥着州和联邦庄严的会议室，却并不是为了让听众们印象更深刻或信念更坚定，而是在内心深处希望通过不断地重复它们，在全国范围内让更多的公众来支持演说人所属的政治组织及其观点。因此，当我们的立法团体看起来在进行立法时，他们实际上主要从事的工作却是平息一场即将到来的政治运动，这引发了太多的争吵和矛盾，表面上看毫无意义，实际上却非常重要，因为它们是长官用号子与鼓声奏出的协奏曲，可以让分散的力量因为这些争吵而团结起来。

因此，我们真正的政府，尽管在形式上是共和制，实质上却是民主制。差别仅仅在于，在一个纯粹的民主制中，人民直接表达自己的声音，而不是通过别人来代理，即不是通过被授权的代理人作为中介来表达自己的声音。可能是政治团体的数量太多，在全国各地分布得太广，因此，我们并没有放弃代议制的形式，但每一个有关公共政策的问题，都会立即被提交给人民进行裁决，并最终由人民投票决定，这与自19世纪以来主宰我们国家政治领域的精神完全一致。下面这些措施，已经表明了这一点并且产生了实际的结果，这些措施包括：取消最初一度在各州存在的对普选权的各种限制，减少任命权，用大众选举代替政府对选择公职人员的判断，包括最高大法官的人选。或许，只有下面这个例子最能体现这种精神的运用了。对于美国总统的选举，宪法在最初设计时似乎完全排除了人民参与选举的可能性，而把它委托给了独立选举人完全自由的判断，这些人被选举出来，是因为他们最适合去承担最重的责任，但这种设计在实践中遭到了彻底的失败。宪法的制定者如此谨慎地警惕这些选举者心中存有偏见的可能性，因此，他们在宪法中加入了一个条款，即让国家立法机构的所有成员，都不具备行使这一职能的资格，但是每个人都可以在政府中得到一个受委托或有薪水的职位，尽管这个职位可能非常微不足道。实际上，我们都知道，在这种框架下，指定的总统选举人不再具有任何独立性，他们在进行投票表决时也不再运用任何的判断力。他们的行为完全是机械的，就像是一个设计精巧、带有自动程序的机器在进行投票一样。谨慎地防止偏见不再具有任何的意义，因为，不管每个选举者的个人偏见是什么，对于他的职务行为都没有丝毫影响。我们看到，尽管这幕隆重的闹剧仍然维持了对于形式的尊重，但已经脱离了它的实质。在一场有关某些候选人的履历的争论中，联邦不再平静了，整个国家都被卷了进来，争论的焦点就是：有一些特殊的总统选举团成员，可能从来没有担任过什么重要的职位，那么，他们能够被提名吗？

因此，如果说美国一直存在着某种政治艺术，换句话说，如果我们当中仍然有这么一群人，因为他们拥有的知识和智慧比我们大多数人拥有的更多、更大，就被认为更适合从事立法工作和政府管理，那么，我们就可以放心地说，拥有政治艺术的这些人还没有控制我们的公共事务。我们的公共政策被贴上了“人民的一般智慧”的标签，因为这是人民意志的表现。

现在，在政治领域的各种问题中，有极少数的几个问题并不是太难解决。在那些知识有限、能力一般的普通人中，有一些人可能会独立地找出一个最明智的解决方案，也有一些人多少会让受过良好教育的人觉得尴尬，因为，即便是与那些对某个问题有过非常深入研究的专家相比，他们之间在观点上可能也并不存在多么严重的分歧。经过讨论，他们可能会达成共识，而普通人和无知者之间的分歧是危险的，他们有时候会受到偏见的左右，有时候会盲目接受党派的支配，有时候是因为过于自负和骄傲。特别值得注意的是，知识越少的人，他们进行判断的依据越是不完善，对自己在政治事务中的判断就越是自信。

有一些问题，经常会以这种或那种方式持续地引起公众的热议，或者是以这种或那种方式不断地成为要求重新立法的话题。我们可以从中挑几个例子来看。比如，金钱和货币，税收，自由贸易和保护，公共信用，州和国家的权限边界，内政的改善，补贴，垄断，劳动和资本，种族偏见，航海法，自由选举，诚实选举，等等。我们可以考察其中的任何一个话题，比如税收。在这个大问题下面，又会出现一些小问题。如何分配税收才是最公平的？是否应该对个人财产进行征税？如果要征税，什么是个人财产？如何对公司进行征税？如果要对它们的有形资产征税，那么如何对代表它们有形资产的股权证书进行征税？是否应该对质押的财产进行征税？如果要征税，是否也要对质押本身进行征税？是否应该对收入进行征税？从表面上看，没有哪个命题表现出对公平的特别强调。但是，要如何确定收入呢？不动产的借贷或租赁收益，实际上是永远免税的，那么，这个原则是否也适用于个体的死亡抚恤金呢？同样，如果把不动产放在租赁项下作为财产直接征税，那么是否应该把不动产租金作为收入进行二次征税呢？

税收问题涉及更复杂的消费税问题。这是所有政府都最喜欢的一种税收方式，因为人们不会明显地感觉到它所施加的负担。但随之而来的问题会没完没了。如果仅仅是考虑一套税收制度，而不考虑它对于其他收益的影响，那它的目的就应该是调节税率，用最小的征收成本来最大限度地增加财政收入，并且也要以让人民根本感觉不到压迫的方式进行。要实现这个目的，就应该对所有的进口商品征收统一税率，经验却告诉我们不能这么做。那么，在这种差别化管理中要遵循什么原则呢？对奢侈品征收的税负是否应该比生活必需品更重呢？把税收只限制在少数大宗而又必需的消费品上，而对其他商品免税，可以更有效、更简单地达成目标吗？考虑到这一点，那些能够带来大量税收的商品，比如茶叶、咖啡，是否应该在征税名单之外？因为它们的使用非常普遍，用慈善的话语来说，这也是为了确保工人阶级的福利，提供一张“免费的早餐桌”。如果可以因此对茶叶和咖啡免税，那么出于同样的原因，是否也应该对糖和盐免税？因为它们和茶叶与咖啡一样，对免费的早餐桌十分必要。

谈到税收，还有另一个更大、更复杂的问题需要考虑，那就是进口商品的问题，即在我们的市场上，让我们国家的工业产品与外国的工业产品进行自由竞争的成本问题。当谈到中国或日本的茶叶，爪哇或里约热内卢的咖啡时，免费的早餐桌总是令人愉悦的，但是，当我们在路易斯安那州或纽约州谈到哈瓦那的糖或巴哈马的盐时，“早餐桌的特权”带来的好处就突然不见了。

州的政策问题面临很多困难，人们常常谈论的税收设计这个话题，只是其中的一个例证，这些政策常常会引起人们的争论，而按照我们的管理制度，它最终是由大多数人来决定的。不管是否明智，人们不应该完全随意或任性地决定这些政策，也不应该受到工于心计的政客们强加给无知者的错觉的影响，这还不够重要吗？难道我们不希望人们受到足够多的教育，至少在某种程度上可以理解这些事情，并且在一种完全清醒的判断而不是盲目的冲动支配下进行投票吗？不仅如此，如果这些问题难度很大（坦白说它们的难度的确很大），以至于最有知识的人也无法完全了解它们，那么，如果不能直接促使政府实现它的那些目标，州到底要给它的公民提供何种程度的教育呢？事实上，只有少数人才能接受高等教育，即使我们有可能让所有人都接受这种教育，也并不意味着他们的立法一定不会出错，因为人类的智慧本身是不完美的。但是，假设所有人真的都能接受高等教育，在立法时几乎不会犯什么错误，因为受过训练的心灵能够迅速地判断出结果与原因之间的联系，并且采取必要的补救措施。我们不得不长期与无知进行艰苦的斗争，也包括与由无知带来的致命的热情作斗争，但是有一些荒唐的、带有空想性质的政治纲领和理论，甚至有一些危险的、不系统的政治纲领和理论，却反对我们这样做。它们不断地干扰着我们国家的和平，破坏着它的机构安全，而我们所提出的这种博大而普遍的文化，它的一个主要好处就是它有能力压制关于这些纲领和理论的建议，或者至少是防止对它们进行错误的宣传。通常的情况是，在这个世界上的任何地方，人类的能力永远都无法达到至善的境界，但是，为了尽可能地接近至善，我们没有理由不去尽力做我们能够做的事情。不完善的教育比根本没有教育要好得多。只掌握一部分知识也比完全无知要好得多。任何程度的文化，都可以让一个人准备好去获得更大的好处，可以让他从经验和观察中受到进一步的教育，也可以让他通过新闻媒体受到教育，或是通过对公共问题的持续讨论受到教育，因为对这些问题进行研究的那些人，总是会把问题带到公众面前进行讨论。

因此，“州应该为教育做些什么”这个问题，只能由这个问题的本质所反映的可能性来加以限制。问题不在于它需要做多少，而是它能够做多少。如果我们只是需要有那么一个政府在那里，那么州根本就不需要做什么；但如果我们渴望的是一个好政府，那么它就不应该忽视任何实际上需要做的事情。

接下来的问题就是，州到底要为教育做多少事情？如何做得最好？

在回答这个问题之前，让我们首先来观察一下。不管一个人在年轻时受到的教育多么有限，或多么丰富，成年人在生活中掌握的大量知识，都是自我习得的。而且，他们的官能会运用它们的力量去发现真理，而大部分能力的习得，也来自经验的训练，而不是来自学校教育。因此，所有人或多或少接受的都是自我教育，严格说来这是正确的，毕竟，他们自己在同辈人中脱颖而出的程度，取决于他们自己，而不是学校。不仅如此，即便是从学校受到的教育，在很大程度上也是他们自己努力学习的结果。学校提供给他们的只是学习的机会，教师是他们学习的指导者，但毕竟，最重要的是，他们自己的学习结果表明了一个事实，即对于不同的个体来说，学校教育的这些因素对他们的影响是完全不同的，有些人从中受益良多，而有些人却受益甚少。

但是，说到自我教育，不管是在校内还是在校外，都需要一些基础工具。那就是书写的或印刷的词汇，以及其他一些对于思考很重要的事物。阅读能力，为知识的探索者打开了人类所积累的知识宝库，只要他有时间和意愿，从一开始选择书籍时就得到一些明智的引导，那么他能够获得任何程度的知识而不会受到限制。但是，如果就此让不成熟的学习者独立进行学习，那么，他完全有可能让自己的阅读停留在表面，毫无章法，也不会在心里反复地、认真地回忆或复述他所习得的知识，这是很危险的。他的知识往往会因此变得似是而非或者一知半解，会因为不够精确而无法有效地加以应用。他的脑力劳动无法激发需要加以练习的各种官能的活力，也无法提高他集中精力控制自己官能的能力。人们建立学校，并且学校之所以必要，一部分原因是为了避免这些结果，但主要是为了确保年轻人在学习了阅读之后能够真正地进行阅读，或者至少会去阅读那些他们应该阅读的书籍。教师的作用是指导阅读，鼓励学生进行透彻的阅读，并且确保阅读的内容在学习者的头脑中留下深刻的印象，必要的时候纠正他们，或者让学生走上自我纠正的道路。因为我坚信，在教学中，导师的作用不是（通常意义上的）教学，而是引导学生自学。我的意思是说，当要掌握的知识可以从学生已知的事实中推论出来时，就应该引导他通过推论过程来得到那些知识，而不是把知识作为现成的、孤立的事实，直接提供给他们。因此，无论如何，我都不会同意我听到的下面这种说法，即认为教师受欢迎是因为他们总是向学生详细地讲解所学课程中的每一个知识点。我更愿意听到人们说，这些教师之所以成功，是因为他们让学生自己找到了克服困难的方法。一个好教师需要拥有很强的解释能力，这是很自然的，但是，这与他应该用这种能力来减轻学习者自我教育的任务，完全是两码事，也是不提倡混为一谈的事。有了这种能力，好的教师就会意识到，为了得到预期的结果，一定要让他的学生经历思考的过程，教育者的成果，应该表现在教学成果上，让学生的思考回到正确的方向上去。

因此，我这样讲，当然要让我的观察适用于教育过程的早期阶段，在这个阶段，学习者习得的客观知识的价值，远小于习得过程中得到的主观结果。而在后期，教育的目的主要是启迪心智而不是规训心智，教师无疑是最适合以最简要的方式传递最多信息的人。

反之，如果没有关于词汇和数字的知识，自我教育过程就无法进行，在这种情况下，没有人会反对州应该承担一定的责任，用公共开支教育公民进行阅读和写作。在很多人看来，州对教育的责任仅限于此。但是，这一类教学并不是教育，它只是提供了进行教育的工具。反对者一方面承认这个事实，但是另一方面又主张，当州让个体有条件进行自我教育时，如果个体没能教育自己，那是他自己的责任。下面这些论点得到了更充分的阐述：要让一个个体理解政治生活中出现的各种复杂的问题，就必须让他们掌握大量有用的知识，而这些知识是无法浓缩在短短的几个月或几年时间里掌握的（而对于大多数普通公民来说，这就是他们受到的全部教育）。因此，要得到这些知识，就只能通过自我教育去习得。当州为公民提供了自我教育所必需的工具时，如果一个人还是没能习得这些知识，那他的失败可能是不幸的，但这种不幸并不是州的过错。

也有一些人，看待这个问题的角度稍微有点不同，但通过不同的推理过程，却得出了同样的结论。他们主张，州强加给公民某些责任，让他们受到某些限制，所有这些都在州的成文法中有明确的规定。尽管这些法律被印刷出来并被广泛发行到各地，但这些印刷品对于那些无法阅读的人来说毫无用处。如果一个人根本不了解，也无从了解法律的规定，却因为犯法而受到惩罚，这是不公平的。因此，州应该确保每一个公民都有阅读和书写的能力。如果州已经保证了每位公民都能够阅读和书写，还有人因为不了解法律的规定而触犯了法律，那么，他的无知就是犯罪，在这种情况下，他因此而受到相应的惩罚就是公平的。

这个主张在几个方面是有缺陷的。正如该主张所承认的那样，如果一个人因为无从了解法律而违法，那么让他接受惩罚在道德上就是错误的，但是，如果他们根本就不知道这些法律的存在，或者不知道他们有义务去了解这些法律，那么，仅仅提供了解法律的途径并不能够纠正这个错误。对于那些无法阅读的人来说，对法律的无知可以归咎于一种物质上的障碍，而对于那些能够阅读，但出于各种原因被动忽视法律的人而言，比如，因为从来没有听说过这些法律，也不知道到哪里去了解这些法律的人，可能没有意识到他的行为会触犯这些法律，或者对于其他一些出于类似原因的人而言，同样的无知可以归咎于道德上的障碍，这对于他们来说并不是有效的。如果说在第一种情况下州有责任，为什么在第二种情况下州就没有责任了呢？因此，这种主张的缺陷在于，它认为通过教人们阅读，州已经履行了它的义务，但是事实上，州这样做，只不过是在形式上履行了它的义务。如果说上面的例子的确证明了什么，那就是，州应该承担更多的责任，即州实际上应该教授法律而不仅仅是阅读。

但是，这一主张又犯了一个错。它假定那些无法阅读成文法的公民，总是会面临因无知而受到严重惩罚的危险。如果这一点是正确的，那么我们之中有谁是安全的呢？在我们这个集会中，有谁可以肯定地说，他已经阅读了我国的所有成文法？如果各位绅士、纽约州立大学的校董、一些学院的院长和教授、我们高级学习中心的校长和教师，都无法说自己熟悉两三百卷的成文法，其中大部分还是从我们今天这个集会点发布出去的，那么，你们为什么认为那些文化水平不高的公民会比你们更熟悉这些法律呢？更何况他们所接受的教育只限于认识印刷出来的字母，在阅读能力方面还有很大欠缺。如果他们因为无知而陷入危险之中，为什么同样的事情不会发生在你们身上呢？

事实是，我们之中没有一个人会面临这样的危险。普通法中所涉及的严重惩罚，主要是写给那些受教育程度不高的人看的。他们的行为更多的是按照习惯而不是成文的法律。事实上，他们可能并不知道法律文字和习惯有什么区别。因此，州仅为公民提供简单的基础教育，无疑是不够的。

不过，阅读和写作能力，不仅为智力活动提供必要的基础，也为每个人的生活提供必要的物质基础。因此，州应该为它的每一个公民都提供义务教育，而且只有当州提供的教育达到了这个水平，才能够让每一个公民都从中受益。并且，州的资金在分配投入上应该公平。然而，已经有人提出了一个主张，认为从“州能够从教育中得到好处”，并不能推论出“州应该对个体的教育承担责任”。州的事务并不包括关注个体的利益。无法阅读的人也可以很好地过完一生。但如果他们能够阅读，他们会过得更好。考虑到这一点，州就应该帮助他们吗？这是为什么呢？

因此，论证这一主张的正确方式是，不要提到个体的利益，而是要表明个体的效率是增强公共福利的有力因素。前面已经指出，这一主张暗示了政府对于个体具有不可推卸的责任。在这个意义上，个体效率的提高就是一种公共福利。所有人日益提高的效率联合起来，其结果就是把人民的文明程度提高到一个更高的水平，刺激他们在艺术上的进步，让他们从事的产业更加多样和完善，提高他们的生产力，并因此确保他们得到更多的资源，生活更加舒适，进而在家庭生活中更加幸福，与此同时，也为他们赢得更多的尊重。因此，不论对于单个个体的一般财富有何贡献，上述主张都有助于加强政府履行其重要职责的能力，特别是进行共同防御的能力。

如果我们可以据此主张支持初等教育，同样的推理逻辑可以让我们有理由要求更高等级的教育。基础知识虽然简单，但一旦掌握这些基础知识，或是掌握了习得更多知识的技能，就可以明显地提高个体工作的效率；一旦习得更广博的知识，人们就可以期待这些知识带来更多的财富增长。同样地，让更多的人学习掌握更多的知识，无疑也会使财富增长达到一个更显著的程度。阅读能力无疑是一个有价值的技能，但是，如果要从阅读中受益，一个人就必须有一些先验的知识，让他自己能够进行理解性阅读。比如，如果一个人对于地球上的地理分布一无所知，对不同地区的气候和物产的多样性一无所知，对不同国家的人口、文明程度、政治地位和军事力量一无所知，对其他地方政府的形式、宗教教派以及社会的组织机构一无所知，对不同的艺术形态、制造业和商业的关系，以及支柱性产业的本质一无所知，那他会从一份报纸的各个栏目中获得怎样的观点呢？如果对于某个人来说，罗马只是纽约州内的一个小城镇，滑铁卢也只是纽约中央火车站的一个站点，那么，阅读如何才能让他从中受益呢？最后，对于有些人来说，莎士比亚和弥尔顿、拿破仑和惠灵顿、格莱斯顿和迪斯雷利，甚至是华盛顿、富兰克林、杰斐逊和约翰逊等名字，可能都是毫无意义的。如果个体的效率取决于个体的智力，如果对工业运行的判断，会越来越多地受到文明的启迪，而相应的工业产品会更好、更丰富，那么，很明显，除了这个问题本身的限制之外，对于州应该为每个公民提供的教育程度，就不应该有任何的限制。如果我们有足够的空间，没有哪一类有用的知识是不合适的。实际上，如果把是否有助于团体政治作为判断教学程度是否适合的标准，而不考虑不同知识形态在内在价值上可能的差异，不管我们对“有益（benefit）”这个词的理解是道德上的还是物质上的，毫无疑问，拒绝学习每一门科目所失去的好处，都要大于保留它们其中的任何一门可以得到的好处。这是因为精神文化的收益是以几何级数增长的，而这些文化工具是以数学级数增长的，因此，正如我前面已经说过的那样，尽管实际上只有少数人可以接受高阶的智力训练，但如果能够让全体人民都接受同样的智力训练，那么这对于州的好处是不可估量的。因此，我们不能在各种可能的学习科目间画上一条线，不能说有些人的本性更适合在公立学校中接受教育，而另一些人不适合。如果一定要做出选择（比如时间有限，在无法改变的情况下），我们可能会选择适当的顺序，因为有一些科目与实践的联系比其他科目更直接一些，而且有一些科目是其他科目的辅助，但是，当最终画出这条线时，我们必须说，把一些科目与内容划进来，是因为我们可以为它们提供一席之地，而把另一些科目和内容划出去，也是因为我们没有更多的时间来学习它们，这是很遗憾的。

如果有人问我，这条线应该怎么画？我的回答是，这是一个实践问题，必须深入细节，在这里回答这个问题是不合适的。不过，我建议大家在画线的时候，牢记下面这两条管理原则。第一，一定要把足够多的时间用于对教学内容的整合。这部分时间应该尽可能地多，可能我们凭经验就可以确定它的比例。法律应该规定一个最低的时间标准，这个最低标准是强制学习的时间，并且要详细设定在这段有限的时间中的学习目标。第二，一定要牢记在心的是，即便条件允许我们教很多内容，有一些内容的教学也是首先要保证的。在选择那些必须教授的内容时，实用性要优先于任何内在的价值。阅读、拼读、书写和数学当然是最主要的。随后应该是地理、物理、政治和统计，然后是历史概论，特别是我们自己国家的历史。在这里，我还要简要总结一下各种形式的内政管理，但主要是对我们自己的宪法和公民义务进行简要总结。在公民的所有义务中，最重要的就是，他每次都应该根据原则而不是根据人来进行投票。在政治冲突的激烈让人血脉偾张之前，在早期生活中灌输这一思想所产生的积极效果也是不可估量的。如果不是对这些内容抱有偏见，我想这些内容已经足够了。我想说我们必须停下来了，但是，我相信，学校里还会有很多学习的空间，带着这种信念，我建议学校教给学生一些关于他们周围的自然界的各种事物的综合性知识。简单地说，就是关于自然史的基本内容、关于他们的身体构造，以及关于他们身体器官的各种功能，即植物学和生物学；关于物质的特性，关于力的法则，即物理学、机械学和化学。我希望我这样讲不会让大家误解。我当然不会荒唐到尝试不遗余力地大量教授以上这些学科知识。我会明确地限定这些基本事实的教学时间，除了实际用途，在将来条件允许的情况下，学生可以进一步学习这些学科。

在我看来，除了这些学科，无论如何，还应该为声乐留下一点时间，学生们更适合把声乐作为一种娱乐，而不是一项任务来练习，通过定期学习，可以减轻精神压力，在大脑工作时提高它的活力。出于同样的原因，我还要增加绘画艺术学习，下面这个事实可以进一步增强我的说服力，即如果不能拥有这项非常实用和有价值的技能，一个人很难完美地完成他的生命旅程。

然而，我并不是要提出一套需要在公立学校学习的课程。我更愿意列出一些似乎可以在公立学校中教授的学科。我根本没有谈到语法，因为我不确定用综合的方法让年轻人的头脑接触这么难的抽象内容是否有用。我要用实践性的方法来教英语。比如，造句，对表达形式进行正误比较，练习写信，用简单的描述性语言写作文，有选择地阅读一些优秀作者就某些耳熟能详的话题创作的成果。

但是，在任何教学体系中，不管是初等教育还是高等教育，仅仅列出应该教哪些内容，或者应该教多少内容始终是不够的，更重要的问题是如何教这些内容。我的意思是，从学校教育中得到的收获，更大的可能是取决于教师而不是教学内容。一个不幸的事实是，与大多数其他职业相比，教学工作更容易掩盖教师的无能，人们也更难发现教学的无效。完成教科书中的教学任务，并不要求导师有非凡的能力或付出大量的努力，也不要求教师带着尊严，从头到尾地完成所谓的听写过程。不仅如此，教师完全可以把这些练习时间用完，让他看起来真的在帮助学生学习，尽管他所做的只不过是聆听以某种死记硬背的方式重复的字词。现在，一个真正的教师，一定要在教育过程中发挥积极的作用。正如我前面所说的那样，他一定要有一种特殊的技能，即启发他的学生思考的能力。这更接近一种天赋，而其他技能则有赖于经验，当然，时间会让一个人的这些技能都趋于完美。

因此，让教师发挥作用的一个重要条件是——终身制。这实际上暗示了当下我们公立学校制度中的一个弱点。有人告诉我说，通常那些谋求初等学校教师职位的人，只是一些明显并不怎么胜任或特别喜欢学校的年轻人，他们也并非有志成为一名职业的教师。实际上，教师只是他们寻找更好的职位前暂时赖以谋生的一块跳板。他们可能会让自己适应这种职业生活，借机提高自己长时间未曾提高的文化水平，但他们并没有内在动机去把提高学识本身作为一个目标。对于为了履行预定的职责而让自己陷入无聊的日常工作的他们来说，任何事情都可能是一种诱惑。这是个非常严重的问题，如果可能，应该加以预防。对于那些毫不掩饰无论如何都不愿意成为教师的想法的人，或许可以有一个规则阻止他们成为教师。不过，我担心这个问题太过根深蒂固，不是一个规则就可以解决的，也不是任何简单的管理规定能够解决的。如果深入探究，我们就会发现，在这种情况下，真正的困难通常是我们的公立学校所拥有的教师数量远远不能满足需求，这才是我担心的问题。人们并不希望哪个有能力的人会放弃他生命中最好的年华，去从事一项只能维持生活的工作，不管他可能服务多久、有多么忠诚，这个工作不会给他“让生活变得更好”的承诺。如果我们渴望终身制的教师，那么我们就应该为他们的一生付费，就像如果想请优秀的教师，我们就应该为他们的优秀付费一样。和商界一样，等价原则也是教育界的交换准则。与纽约城中的熟练工人、木匠、砌墙人、铺路人、采石匠相比，在我们的公立学校里，教师很少得到足够的酬劳（考虑到劳动的质量和尊严，与教育一个体力工作者，并使他胜任工作所花费的时间和金钱相比，就他们所付出的经济成本和他们的所得相比，这种差别不是相对的，而是绝对的），虽然不总是如此，但在大多数地方和大部分情况下，事实的确如此。由此引发的不可避免的结果就是：教师水平低下、缺乏热情和一成不变。

我想我可以十分肯定地说，在从事公共服务的群体中，没有哪个群体的报酬像教师那样被低估。另外，也没有哪个群体给公众提供的服务像教师那样有价值，更没有哪个群体的服务能像教师那样对公众产生深远的影响。如果必须用丰厚的薪水保证优秀而有能力的人成为孩子们的教育者，那么这种慷慨无疑会给公众带来更多的回报，而且这种回报远高于人们支付给他们的酬劳。因为，这不仅是一个常识，而且也是人类从一直以来的经验中得到的一个真理，没有什么投资的回报会比得上对人类教育的投资。在我看来，如果有人请我举一个让人印象深刻的经济政策的例子，说明如何为了节省小钱而以付出巨额资金为代价，我的回答会是：饿死孩子们的教师。

不过，假设州根本不考虑我们对于慷慨程度的抱怨，那么，我们要如何保证它的慷慨不会被滥用？换句话说，假设我们提供了十分丰厚的津贴，用于支付给那些最有才华和最优秀的人，那么，我们要如何防止那些不称职的人从这些津贴中得到好处？除非有来自有声望的权威当局的规定，要求任何一个教育机构都不可以聘请教师。对于我们的公立学校而言，我们现有的法律条款对于这一点特别警惕。由人民选举出来的地方官员，承担着考察这一职位候选人资格的责任。以官员的能力来证明候选人的能力，这个制度太过简单，需要进一步加以完善，而且，如果我了解的情况没有问题，这个制度有一个弱点——官员的任期有点尴尬，让他很容易屈从于某种压力，进而影响到他的独立性。如果完全服从自己的内心来判断，他很容易就会被某些不太讲原则的人所诋毁，甚至被取代。结果就是，有时候他会为自己认为不合适的人出具证明，尽管他的判断告诉他那些人并不称职。这样就会打破法律所构筑的安全防线。我们公立学校的教学是由一个部门领导，或者是由一个州的学监来负责的，不管这个领导是谁，只要他明白了以上问题，他就可以要求他的下属严格把关；但如果缺乏这样的支持，他的下属就会犹豫，而很不幸的是，一州的学监也会受到类似的干扰，并且会面临同样的困境。

应该由有智慧的人组成终身制的团体来管理这件事，因为只有职位的终身制才能够保证这种独立性，这才是我们想要的。这个团体的成员提供服务不是为了报酬，因此也不涉及利益；这个团体应该受过良好的教育，并且精通教育事务，因此完全有能力胜任；这个团体应该由那些品德高尚、能力出众的人组成，人们能够像尊重法官一样尊重他们。在司法实践中，人们渴望保证司法的永久性、独立性，远离公众的情绪，避免自身的任性之举带来的危险；而对人的教育的机制是如此复杂，所涉及的利益集团是如此众多，教育的管理和方向对于它的目标而言是如此重要，那么它无疑也需要司法实践中的那些保障措施，这是可以肯定的。要组织这样一个管理团队，终身制无比重要，它的重要性仅次于令人钦佩的能力。对于教育事务而言，一项政策可能并不一定是最好的，但如果能稳定而持续地得到执行，会比总是在改变，而丝毫不考虑其后续价值的政策好得多。年年改变政策，要比年年改变教科书更糟糕。尽管每一套新书可能都比摒弃的前一版要好，但毫无疑问，这种做法还是不妥，之所以不妥，是因为我们要教的是学科而不是教科书，即便没有任何书籍，我们仍然有可能去教授很多学科，并且能教得很好。这种说法符合人类的常识，且在高级学习中心的例子中已表现得非常明显。毫无例外，这些高级学习中心都由监督委员会负责管理，它的成员都是终身制的，它的变化非常缓慢，以至于人们实际上根本感觉不到。

在我心目中，纽约州立大学的校务委员会正是上面所说的那样一个团体。它是一个已经存在的团体，有关它的系统的法律保证了它的终身制，它的成员都受过良好的教育，精通教育事务，个人能力出众，具有长期担任州督学和监督教育事务的经验，熟悉管理工作的所有具体细节。把它对初等教育的关注拓展开去，还可以用统一性取代多样性，让整个州的教育制度得以巩固，成为一个完善的整体。

做出这些改变，并不需要在实质上改变公立学校制度的现有组织，只需要把任命公职人员的权力从立法机构或地方法院转移到校务委员会手中，让校务委员会来规定有志做教师的人应该接受怎样的测试。让他们来任命负责这些测试的考官，然后这些考官就可以无所畏惧地、独立地去开展测试，那么我们当前制度下可能存在的罪恶就会立刻消失。

我并没有考虑校务委员们会在多大程度上接受我在这里所提出的这个建议，这多少有些鲁莽。如果他们认为这个建议会极大地增加他们的责任和负担，一个简便的替代方案是，另外再成立一个平行的团体，比如一个州立教育委员会，专门负责初等教育体系建设，而校务委员会仅负责中等和高等教育体系建设。我不确定人们是否会反对这两个建议，但是我确定，很多人都会反对继续维持现行的制度。

因此，关于州对于教育人民的责任，我不得不提出我的观点，我认为这些观点有它的理由和逻辑。尽管我不会冒险地说，这些观点会被普遍接受，但我依然认为，即使它们不会得到政界的支持，也一定会得到教育界的支持。

我们接着来谈高等教育这个话题。回到我们已经谈到的好教师对于教学效率的重要性这个问题，我们几乎不必再说，对这类教师的需求有多大。也不必再说，初等学校根本不可能拥有这类教师。教师的职能不仅仅是传授知识，还包括引发思考，既然如此，那么，有能力的教师的文化水平，一定要高于他希望帮助学生所要达到的最高水平。考虑到这一点，我们就发现，有必要建议当局，创建一些培养教师的机构来达成这个目的，这是非常必要的。无知是推动文明进步，甚至是维持现有文明的最危险的敌人。创建教育机构是为了对抗无知，其策略与国家通过训练人民来抵御外敌是类似的，在这方面，我们州并没有推卸责任。我们这里所出现的很多机构中，有无数令人敬佩的例子。在校务委员会的监督之下，通过提供有关教师培训的各类信息，纽约州已经非常明智地把许多实力雄厚、运行良好的学院纳入这项工作中了。大量的中等教育学校，尽管主要是由私人创建的，它们也是我们的教育机构的重要组成部分，几乎遍布于我们广袤的国土上，具有不可估量的价值。除了以刚才谈到的方式维持学校的发展，由于环境所限，我们州有数千名年轻人无法进入高等教育机构，但这些中等教育机构给他们提供的教育，在很多情况下几乎与高等教育机构所能提供的一样好。它们在提高州的整体智力水平方面的影响非常深远，也非常有力。人们可以普遍接受初等教育，但能够接受所谓自由教育的人，比例几乎不到几千分之一，这中间巨大的鸿沟是由中等教育机构来填补的。因此，州要担负起对中等教育的重要责任来。我们应该看到，这些中等教育机构的数量非常多，足以保证全国各地的人都有机会接受它们的教育，只要能够确保它们的教育是值得推崇的，那么支持它们就是必要的；而要保证它们的管理是有效的，监督它们的运转并且监督其管理方式也是必要的。

不仅如此，尽管这些学校是必要的，但它们的相对数量不多，因此，在经济上无法做到通常意义上的免费。我想，为穷人提供免费教育，应该成为纽约州的一项法律政策，否则，贫穷会妨碍他们从教育中受益。同时，也要为那些渴望学习更高程度文化的人提供免费教育，那些高等教育是他们在初等教育机构中无法获得的。

对于最高层次的教育机构——学院，州的政策也应该根据同样的考虑来决定。学院必须成为教育体制这座大厦的顶点和王冠。如果没有自发建立的学院，那么州就有义务去创建学院。不过，通常，由于不同的州有不同的目标，实际上并不需要由州来创建学院。但是，据我所知，在我们国家，有一所由州建立并由州维持的学院，被当作一个政府机构列入每年的市政拨款清单中。那就是南卡罗来纳大学，之前被称作学院。在大多数之前并不属于美利坚合众国的州中，的确有州立大学，它们由联邦政府捐建，直接接受立法会的管理。直到最近，无论如何，监督委员会中都保留了一位州的代表。

不过，在早期，由州的权威当局运用州的财政收入来创建学院，可能是权宜之计，也可能是必要的，那是州自己的教育体系中不可或缺的一部分，现在需要做的似乎只是保留这些机构而不是大量创建它们。我们的学院太多了，而不是太少了。这些机构的大量增加，不仅不是好事，而且影响很坏，因为随着数量的增加，它们的教学水平就下降了，学院的教育质量也会不可避免地受到影响，这是很不幸的。

关于这个问题，有一些确定无疑又十分有趣的事实，可能还没有广为人知。一般人的印象可能是，随着学院数量的增加，我们国家学院学生的数量也会相应地，至少在一定程度上有所增加。但是，事实并非如此。统计数据表明，这种印象是完全错误的。我们国家所有学院的学生总数加在一起，占整个国家人口总数的比例始终保持稳定，不管学院的数量如何变化，这个比例基本没有变化。抱歉，我不得不承认，我说得并不准确，实际上，当我们在一个较长时段里进行比较时，尽管学院的数量在增加，同时期的学生占总人口的比例却在逐渐减少。

举个例子，我们学院的学生总数，或全国申请文学学士学位的人数，占全国总人口的比例接近1：2500，低于半个世纪之前的比例——1：2000。半个世纪以来，我们的总人口几乎增加了4倍，学院的数量增加了3倍，而所有学院中文学专业学生的总人数加在一起，只增加了2倍。

一方面，建立新学院花费巨大，需要依靠私人的慷慨捐赠。但慷慨是有限度的，我们不能透支这份慷慨。因此，学院数量多，也意味着它们比较弱，这种弱既可以指它们吸引的生源数比较少，也可以指它们可以利用的物质资源比较少。

另一方面，当用一大笔资金建设出来的学院可以容纳100名学生的时候，这个学院可能会招收200名学生，但是，只要适当地增加一些额外投入，这个学院足以容纳1000名学生。

现在，让我们看看我们国家的总人口，不考虑种族的话，全国人口总数可能不会低于4500万。按照1：2500的比例，整个国家现在能够招收的文学专业的本科学生是18000名。那么，他们需要多少学院呢？按照一所学院200名学生来算，只需要90所。按照1所学院500名学生来算（这样的规模更合理一些），只需要36所，几乎不到一州一所。但是，我们的学院数量实际上已超过了400所。

这些统计数据是我个人长期研究的结果。如果要考证由此得出的结论的可信度，可以去看大学校务委员会从我们自己州的学院得到的反馈信息。选择哪一年并不重要，随便哪一年都可以回答这个问题。我选的是最新出炉的1877年的反馈数据。在这一年，我们州一共有16所学院，所有这些学院文学专业的男生的总数是1855人。但是，假设我们州的总人口接近500万（这个数字并没有被高估），按照1∶2500的比例，应该有2000名大学生。我承认，这些统计数据并没有考虑到那些到外州的学院去读书的本州学生人数，也没有考虑到在我们州的学院中读书的外州学生人数，来我们州上学的外州学生人数可能会小于去其他州上学的本州人数。但是，另一方面，它同样也没有考虑到纽约城市学院学生在其中所占的巨大比例，这些学生并没有继续或没有打算继续攻读学士学位，这些学生的数量足以抵消本州与外州的交换学生数的出入。

如果说这个考察能够说明什么，那便是它证明了1∶2500的比例太高而不是太低。这一点只能说明，它更加肯定了我们先前更宏观的考察所得出的推论是正确的。

有人主张，学院的大量增加有很多好处，作为对比，让我们来客观地讨论一下。一方面，他们认为，这种数量的增加带来的第一个好处是，那些需要进入学院的人入学更容易了，所花费的金钱和时间成本也更低了。在50年前，这个主张可能很有分量。但现在，这一点已经不重要了。如果一个州只有一所学院，并且如果每个学生都只能上本州的学院，那就几乎没有学生再需要到外地求学了。另一方面，如果一所学院只能容纳200~300名学生，而且这些学院在地理位置上相对均匀地分布在全国各地，也就不会再有时间成本高的问题了。当前，我们的学院数量多、规模小，99%的学生不得不到更远的学院去读书。即便我们的学院数量减少到现在的四分之一，这种情况也不会有太大变化。

支持学院大量增长（这种增长至少超出了教育的需求）的第二个原因，也是更重要的一个原因是这样一个事实，即每一个宗教教派都把给属于自己宗派的年轻人提供各种高等教育看作自己的责任，实际上却没有这个必要。不管是州立学院还是教会学院，所有学院的课堂教学在严格意义上都是世俗的，但各个教派的这种责任感似乎并没有因为以上事实而有所减弱。很明显，我们不能否认这些学院的确有着明显的宗教影响，但这种影响要么来自对学术团体中特定形式的日常礼拜活动的观察，要么来自在公共礼拜中对特定教义学说的直接灌输，而且都是在学院的礼拜堂中进行的，即它是年轻人在家庭中受到的宗教影响在学院中的延续。但是，很明显，我们无法否认的是，有一些影响比这种直接影响还要大。共情具有一种神秘的力量，不管是青年还是老人，在共同的旗帜下，他们会联系起来，彼此相互影响、相互鼓励、相互肯定，并且强化他们的观点、信念、抱负、热情，从而在强化宗教同伴的精神方面，产生一种无法估量的影响力。因此，各个教派开办的学院之所以能够强化自己教派的影响，并不是通过直接的教学让学生去理解和接受，而是通过更细微地诉诸对学生心灵的影响实现的。尽管其中有一些学院会与特定的神学学校有关，但这些学院都有助于学生养成一种更积极的性格。

决定学院大量增长的另一个原因，是一个非常大的野心，即政府希望通过建造各种与先进的文明有关的设施，让城镇得以繁荣。这个理由并不像前面的理由那样充分。公共精神总是值得赞赏的，有时候这种精神渴望为更好的生活提供各种设施，比如，启动某项辉煌灿烂的事业，承诺给地方上的居民带来荣耀，可能还有更多的物质上的收益，虽然这种渴望往往会超出实际需要，但一旦它取得了成功，似乎就验证了人们的想法与热情，那么，整个社会的想象力就会开始萌动，当地人的自豪感就会被激发出来，通常，到了一定程度，它又会反过来让整个社会变得更容易兴奋。不幸的是，随后几年可能出现的各种不可避免的困难，几乎总是会让这种热情与发起这项事业的努力付之一炬。因此，许多学院的存在，都是因为人们把慷慨与努力用错了地方，如果有哪一所学院把自己的产生归因于大众充满承诺与欢呼的冲动，那它注定只能是在现存的学院中又增加了一个反面教材而已。

现在，我希望大家不要曲解我对于学院大量增长的看法。我并不是因为数量多而反对学院的大量增长，也不是因为学院规模问题而反对小学院。从教育效果上来讲，如果它们同样都很好，并且是真的都很好，那数量并不重要。但是好学院是不可能有太多的。要想成为一所好学院，一定要有大量的社会捐赠，否则它既不可能拥有进行教学所必不可少的各种设施，也无法要求最有能力的人来利用这些设施。正如我前面所说的那样，教育和商业是一样的，只有品质才能决定价格。

因此，我反对学院的大量增加，主要是基于经济的考虑，这是这些机构不得不考虑的，它们需要的资金量无疑是非常巨大的。对于公众来说，不管学院的数量是多是少，如果要保持同样的质量，那么数量的增加就意味着支出的增长，这种增长不仅数额巨大，而且并不必要。但是，我还要进一步指出：就人类目前的能力而言，随着学院式机构数量上的过度增长，它们的质量是不可能同步提高的。而如果它们的质量参差不齐，那么公众所要承受的损失就不仅仅是经济上的，也是教育上的。

不过，如果我们所有的学院都没有被赋予一般正规大学所拥有的权力，那么，因为教学质量问题而导致的恶果也不会太严重。我们国家完全无视大学与学院之间的区别，似乎这种区别根本不存在。最初，学院是作为大学的有机组成部分而不断发展的，先是住宿，然后是住宿兼辅助大学生的教学。它们与学位毫无关系。除了英国的学院生存了下来，欧洲大陆的早期学院大部分已经消亡了。学院在教学上可能很有经验，在经济上也可能很富裕，也很有权力，但是它们并不授予学位。更晚出现的法国的一些学院式学校虽然授予学士学位，但也仅限于此。

现在，我们所有的学院都是大学。它们的数量占人口的比例是多少呢？东北部的情况不容乐观：纽约州有16所学院，平均每32万名常住人口拥有1所学院；马萨诸塞州有7所学院，每23万人拥有1所；康涅狄格州有3所，每20万人就有1所；罗得岛总共有26万人，只有1所学院；宾夕法尼亚州有29所学院，大约每13.5万人有1所。另一些州的情况也好不到哪里去：伊利诺伊州有30所，约每10万人有1所；田纳西州有27所，约每9.5万人有1所；印第安纳州和密西西比州各有23所，接近每9万人有1所；俄亥俄州有37所，接近每8万人有1所；艾奥瓦州有21所，接近每7万人有1所……所有州的学院总数加在一起，大约是400多所，平均每10万多人有1所。当我说这个数是大约如此时，我的意思是我们只能接近，却不可能找出实际的数据。考虑到这些机构的等级之高，至少是被认为很高，人们可能会认为，在所有统计数据中，没有哪个能够比美国学院的数量更容易确定的了。然而，事实远非如此。努力得到关于这个问题的最准确的数字，需要每一个调查员付出最有耐心和最为持久的努力。一方面，这是一项正在兴起的、充满希望的新事业；另一方面，不断有一些旧的（通常，存续时间也并不长）、不稳定的学院被关闭，因此，任何一个年份，学院的绝对数量从来都不能确定，而且任何随后两年的绝对数量也同样不能。如果说我今天给出的数字被高估了（我并不这样认为），很可能到明后年，这个数字又被低估了。

这些数量巨大的教育机构，用同一个名字称呼它们自己，都一致宣称自己是国家高等教育的有机组成部分，我们无法得知的是，它们是否都具有同样的价值，都值得公众同样的信任。事实上，如果考察一下它们的入学名单，我们就会发现答案是否定的。无论从年龄还是从学习程度来看，在很多情况下，绝大多数新生还是孩子，他们接受的是带有预备性的课程，而在每12～20名学生中，被分到学院下属文学系的人数屈指可数。实际上，这些机构只是中等教育学校，它们为维护自己尊严的抱负所驱使，自负地称自己为学院。与华盛顿教育局（Bureau of Education）公布的美国学院名单中的那些学院相比，在校务委员会照料下的学园（academies）大约有300所，它们的教育水平在本质上要比多半学院更好，教育程度更高。

据我了解，在我们西部的那些州中，有一个州的民法规定，任何7个自然人联合起来，只要筹集到5000美元，就有权组成一个董事会，成立一个学院，并且有权颁发文学学位证书。由这样一个团体授予的学位的价值几何，是显而易见的。

现在，劣质学院通常是那些如雨后春笋般冒出来的学院，它们以传染病暴发般的速度遍布整个国家，为什么我要关心这个问题？为什么你们应该关心这个问题？为什么我们每一个人都要关心这个问题呢？因为它们的这种暴发式增长会让所有学院蒙羞。如果说建立这些学院只是为了让创建者高兴，那么为什么要允许他们的创建者去模仿学术仪式，让他们参与每年培养学术人才这个常规却又光荣的工作，却不加评论和干预呢？很多人才从国外获得学位，仅仅是因为那些学位被认为是一种真正的学术的象征和认可，它们由经过认可的最具学识的那些代表所授予。而我说的这些学院自己组建的董事会没有经过这些认可，仅凭借极少的信息就授予学生学位，这是在诋毁学位的价值，公然败坏学位的名誉。对于一个已经非常熟悉这些特权的细微差别的美国人来说，当他发现在他所造访的乡村中，每20个乡村就会有1个法庭，它既不威严，也不令人敬畏，但完全有权给这些学院以特许权时，他不会感到惊讶，但他却很难想象或估计，学术性学位在旧大陆（the Old World）所具有的价值。在中世纪，一个学术性学位几乎等同于一份贵族荣誉，或是由某位君主授予的一个荣誉头衔。只要掌握一点点技能，甚至只需要阅读和书写的能力，就足以确保它的拥有者可以免除刑事法律的一般处罚，回想一下这个事实，或许我们就能够想象，高等教育的印记能够带来的荣誉和尊重。

最初，学位是精通知识的一种资格证书，证明获得它的人有权利也有义务在授予它们的机构任教，而不是像现在这样，主要是为了区分人们的头衔。因此，既然实质比名称更重要，在早期历史中，法律并没有规定资格证书的拥有者应该得到怎样的头衔，在不同情况下它有不同的称呼：持执业执照者（licentiate），（某所学校的）教师或博士。艺术（arts）这个词，只是查理曼（Charlemagne）大帝的学校里所教授的七门学科的名称，在当时被认为包含了人类所有的知识——即三艺和四艺，三艺包括文法、逻辑和修辞[1]；四艺包括算术、几何、天文学和音乐。我们并不清楚学士（bachelor）这个词的起源。有人说，它是从见习骑士（baschevalier）一词演变过来的，是最低等的骑士，与方旗骑士（banneret）相区别。也有人说，它是从教学机构的仪式中演变而来的，在这个仪式上，一顶桂冠被交到专家的手中。

① 一般认为，三艺包括文法、修辞、辩证法，但作者在这里用的是文法、逻辑和修辞。——译者注

因为桂冠在传统上代表着赢得了胜利，获得这个荣誉的人就被认为是通过了毕业考试的人（baccalaureatus），后来演变为学士。就现有的发现来说，一个多世纪中，这些名称是交替使用的。我们也不能十分清晰地确定，从什么时候开始，以及为什么人们开始用这些词来区分不同的等级。但是，可以肯定的是，13世纪中叶以后，学士一词才被用来区分那些并不完美的毕业生，他们被授权练习怎样教学，但只有在有资格证的教师或硕士的指导下才能进行。而资格证书才是对人们可以独立地开展教学的授权。这种区分有点类似于美国学院中教授和导师之间的区别。硕士虽然有着一张更高级别的资格证书，但并不代表他有着更多的权利。资格证书促进了人们对硕士学位的需求，但是，得到它需要巨大的花费。而这两个等级并没有实质性的差别，在近几个世纪里，大学通常不再同时使用这两者。在英国，大学可继续授予人们硕士学位，但不再授予资格证书；法国保留了资格证书，但不再授予硕士学位。博士这个词，最初是个多义词，有宗教法、民法和医学硕士等含义，随着时间的推移，它主要在神学院中使用。从它后来的使用情况看，主要是一种荣誉上的区分，但在我们这个时代，它开始被认为是最高级别的学位。对此，医学博士是个例外，因为还没有人使用这个词。

从对学位起源的描述中，我们可以很自然地推论出来，人们有区别地授予这些学位并不是根据候选人精通知识的程度。它们只是被授予那些渴望教学并且打算教学的人。他们去上大学并不是为了获得学位，而是去学习的。中世纪的大学生总人数是庞大的。在13世纪的巴黎，大学生人数不少于3万人；同一时期的牛津，人数同样庞大；在剑桥，情况也差不多。直到16世纪末，每所英国大学都一直保持着5000人以上的学生规模。至于毕业生的数量，在公开的统计数据中，我只知道胡伯（Huber）的《英国大学史》中的数据，但这些数据足以很好地说明这个问题。他给出了自1500年以来剑桥大学160年间每年毕业的文学专业的学士和硕士人数，也给出了几乎同一时期牛津大学每年毕业的学士人数。我把前60年作为一个时间段，并将数据进行了平均计算，得出每一所大学的年平均学生人数大约是5000人。同样是平均数，在选定的这段时间里，牛津大学每年毕业的学士人数是34人，剑桥大学每年毕业的学士人数是35人，每年毕业的硕士人数是22人，相应地，我们可以推论出牛津大学每年毕业的硕士平均数也大致如此。

那么，既然一所有着5000名学生的大学，每年只有22名文学硕士，我们就可以明白，为什么说学生只要获得了学位，也就获得了从事教学的资格，并且也很容易在取得学位的同一所大学任教。大量的学生就要求有数量充足的教师，而每年拿到学位与教学资格的教师供不应求。而当毕业生获得了教学资格时，他们就自然成了大学管理团队中的一员，而代理教师这个称呼也很容易让他们脱颖而出。由于学位代表着荣誉与资格，结果就是，它自然就成了人们努力追求的目标。这样一来，毕业生的数量就会增加。胡伯的统计表也证实了这一点：在17世纪中叶，剑桥大学每年的硕士毕业生人数与16世纪同期相比，几乎增长了10倍，而且这还是在本科生总人数大量减少的情况下得出的数据。因此，随着时间的推移，当教师开始供大于求时，硕士们便不再承担教学任务，同时，代理教师们也不再从事教学工作。情况就逐渐变成今天这样了，学位仅仅是一个荣誉，是对掌握高等知识的一种肯定。

在早期的大学中，授予学位的权力来自教会最高首脑的特许。渴望建立大学的国王，也要向教皇申请特权。在随后的一段时间里，世俗的统治者开始独立地主张和使用这项权力。但是，授予学位的权力并不是自封的，它只能来自教会或国家最高权威的授权。而且，无论如何，不管是教会还是世俗政府，在授予这项重要的特权时都不会太慷慨。在15世纪之前，整个德国只有5所大学，英国只有2所，法国只有2～3所。随着时间的推移，它们的数量在增加。但是，即便是现在，德国也只有22所大学，相对于它4200万人口来说，接近200万人才有1所。法国有15所，与3700万的总人口相比，250万人才有1所。英国有4所，与2300万的总人口相比，每575万人才有1所。从法律上来说，法国只有1所大学，而上面所说的15所大学都是它的分支，是地方化的学园。一份1860年的统计数据表明，整个欧洲只有111所大学，而它的总人口是3亿，大约每270万人才有1所大学。

无须评论，上面这些简单的统计数据就可以充分地回答下面这个问题——为什么美国的学术性学位没有英国和欧洲大陆的价值大？在欧洲，个人获得荣誉的渠道非常少，它们代表着品格高尚、学识渊博。大学的教师通常都是被尊重和被广泛认可的，他们所接受的考试非常严格，因此，从这些教师那里得到的专业资格证书的含金量，是全世界都认可与接受的。

所有这些优点，都被我们抛弃了。我们几乎是毫无节制地增加了这些荣誉的水分，不仅如此，我们也不关心它们的构成要素中能否体现出学识或者声望。本来，按照过去流传下来的智慧，学院的学位，只能授予那些最值得尊敬的人，这些人是被世人公认的最聪明、最有德行的人。但是现在，一个乡村牧师、一个乡村医生和一个乡村律师，与一个银行家、一个商店主、一个工匠，以及一个貌似绅士般的农民，共同组成了一个法庭，准备取消学位所体现出的那些区别。不仅如此，这个法庭还照例把代表精通知识程度的资格证书授予那些渴望学术荣誉的青少年，而且，还是在神学家、法官、政治家、文人，甚至是最具学识的教授挑剔的眼光下通过审核的，他们带着让人不可思议的慷慨，模糊了学位所体现出来的区别，定期地抛出一批荣誉学位，让整个国家的学位满天飞。

我们能够做些什么来挽救这个局面呢？有天早上，我拿起一份主流日报，看到了一篇题为《毕业季》的文章。正如我现在哀叹的这样，编辑也对我们国家所颁发的文学学位的堕落表示哀叹。与我的归因一样，他也把这个令人哀叹的事实归因于授予学位的机构的无节制增加，在很多情况下，要么在学院教学的彻底性（thoroughness）方面，要么在学院教师的学识方面缺乏保证，更可悲的是，甚至在这两个方面都有欠缺，这是可以肯定的。他的结论是：从此以后，如果学术性学位要赢得尊重，只能通过在表明这种区分的字母后加上授予它的学院的名字。即便如此，可能也无法拯救它们，因为当任何重要的象征、徽章或标记，特别是最初具有装饰性的那些象征，成为公众嘲笑和轻视的对象时，即便它披上受人尊敬的面纱，也无法重新赢得它已经失去的支持。

那么，我再重复一遍，我们能够做些什么来挽回这令人悲叹的局面呢？我这里确实有一个补救方案，可能并不容易奏效，因为它要求许多独立的意志达成共识（concurrence）。如果我们不采纳，它就只是一个方案。这个方案就是，让州保留授予学术性学位的绝对权力。就这个权力来说，如果可能，要推翻整个现有制度，也就是说，除了不涉及现有学院的学术方面的活动，一定要收回它们的学位授予权，让它们和牛津、剑桥等大学处于同一个水平上。但是，这可能会侵犯学院的既有权力，除非它们自动放弃这个权力，否则，这样做根本就不具有可行性。那么，抛开现有的学院不论，至少我们不能再允许新建立的学院拥有这项权力了。

接下来，要让每一个州都建立一所州立大学。它们的责任不是教学，而是对各所学院进行指导，为所有教职员工阐明其发展的方向，为这些学院的行为制定一个相同的规则，对它们进行监督，最后，通过颁发盖有大学印章的证书授予学位，在这些证书中，应向候选人展示学院的名字。至于现有的学院，尽管它们可以保留授予学位的权力，也可以以它们自己的名义，盖上它们的印章，但仍然要让它们接受同样的考核制度，取消它们在入学或毕业时考察候选人资格的权力。

因此，我想，州立大学应该效仿伦敦大学，成为一个拥有很大权力的实体，但是，尽管跟伦敦大学很像，又并不完全一样，它要考核学位，但不是不加区分地对所有申请者进行考察，而是只考察学院所提供的申请人。它也应该有执法权，有权控告那些根本不属于它的申请人。

除非那些学院自愿放弃自己的学位授予权，即使每个州都采纳了这个方案，可能也不会减少我们学位授予机构的数量，但无论如何，就所有的实践性目的而言，它可以把这个数量减少到38所。不仅如此，当每一所州立大学都有必要被迫组织一个永久性的专业考核委员会时，出于职位的尊严和责任，这些考核员自然应该像伦敦大学的那些考核员一样，是一些具有渊博学识，通常也很有声望的人，它的证书的权威性，是现在很多学院发放的证书所欠缺的。在这个制度下，由于标准的统一，优秀的学院会脱颖而出，因为它们可以确保自己的候选人得到支持，而那些比较落后的、发展不太好的学院，将不得不强化和改革自身，否则，它们就会在竞争中被淘汰出局。

现在，纽约州的教育制度的实际情况，让这个方案更容易实施，这几乎是在邀请我们尝试这个方案了。我们已经有了一所州立大学，在某种程度上它也拥有这个方案所提到的那些权力。

它有允许学院开设文学部和医学部的权力，但不包括法学部或神学部。它拥有监督和视察的权力，不仅是针对它自己所创建的学院，也针对之前已经存在的那些学院。它有权颁发带有自己印章的学位证书，包括所有我们现在知道的那些学术性学位，欧洲那些学院以及大学常常授予的各种学术性学位（文学学位除外）。

因此，要让这个机构承担我的方案中所提到的所有职能，就需要极大地扩大它的权力，增加它的义务和责任。至于它的形式，并不需要改变。

如果只有这一个州采纳了这个方案，几乎很难希望这会带来多少示范性的作用。但随着时间的推移，相信其他州也会采用同样的方案。因此，在并非毫无希望的将来的一段时间里，我们国家高等教育的混乱状况可能将有所改善，并形成一定的秩序。所有高等教育机构及其附属机构都有权得到公众同等程度的信任，虽然在目前，这些信任还只被赋予少数学院和大学。

我这里提出的这些观点，对我来说都不是什么新观点。我有这些想法已经很多年了。当这个方案第一次出现在我的脑海中时，它似乎是可行的，我非常相信，它所需要的只是被提出来，然后被接受。因此，虽然有点冒昧，我第一次郑重地把它讲出来时，是在一位热心教育的朋友、这所大学的领导、刚刚去世的普鲁恩[1]校长面前。

在这里，请允许我暂停一下，对一个已经逝去的人表达我虽然微不足道，却非常真诚的悼念，他是一位杰出的公仆、一位令人尊敬的领导者，我对他的记忆充满了荣耀、尊重和深情。

这个人就是约翰·范·斯凯克·兰辛·普鲁恩。他是那种非常罕见、非常高贵的人，是一个好公民的榜样和典范。就本性而言，他心地善良，思维清晰，有着健全的理解力和良好的判断力，并且他本能地有着精致的品位，这些自然禀赋，再加上受过良好的高等教育，以及自由而学术型的文化带来的各种优势，让他非常令人尊敬，适合担任社会或民事活动中需要信任、需要负责任的任何职位，每一个职位都会因为他而大为增色。

在州议会和国家议会中，他是这个城市和地区的代表；为了推进各种有用的或慈善的目标，州政府和私人协会建立了很多组织，他是其中杰出的成员；他是一个精力充沛的商人，十分熟悉财政机构和商业团体是如何运转大笔资金，并参与管理整个社会利益的；在他所选择的法律专业里，他不仅学识渊博，而且能力出众；他是一位积极、热心、有影响力的教育促进者，不仅作为个体参与当地的教育事务，还是校务委员会的成员，在长达33年的时间里，他一直都是校务委员会的成员，并且在近16年的时间里都是领导者和主要负责人。他的影响力让整个州的教育制度都打上了他的烙印，他所留下的各种记录，在各个方面都令人尊敬，他认真地履行了自己的职责，并且在实践中取得了卓有成效的成绩。

他拥有大量的财富，他所拥有的各种物质足以让他过上精致

① 约翰·范·斯凯克·兰辛·普鲁恩（John Van Schaick Lansing Pruyn，1811—1877），曾任美国纽约州立大学校长。——译者注

的生活，他热情地招呼朋友们到他精致的府邸去，却毫不炫耀，毫不沉迷于夸张无聊、奢侈浪费的生活中。他以很多看不见的方式悄悄地做慈善，无偿地把他的大量财富用于救济穷人和安抚处于痛苦中的人。

他的个性非常值得尊敬。他十分正直，坚持原则；他性情温和，举止优雅；他衣着得体，谈话幽默风趣又富有启发。因此，即便是那些只和他有过一面之缘的人，也会对他产生难以磨灭的印象。

他的宗教信仰非常纯粹，他严格地遵守他所在教会的所有日常规范，不过，当他厌烦了不断地去证明自己内心的信仰时，他所表现出来的虔诚仍毫不夸张。他在那些孤儿寡母痛苦时去看望他们，却避免让自己成为关注的焦点。

严格说来，政治生活并非他令人景仰的一生中最伟大、最耀眼的部分，不过，由于他频繁地出于各种原因出现在公众面前，他的名字在这个州早已家喻户晓，他总是会与一些有益的工作联系在一起。因此，在他逝世的那个早晨，当电报发布他辞世的消息时，每一个公民都感到，我们失去了一个在我们的公民生活和社会生活中最高贵的人，那些曾经见过他的几千人中，每一个人都感到自己失去了一位朋友。

他永远地离开了我们，但是我们永远记得他。像今天这样的集会，他曾经主持过很多次，他将永远活在我们心中。接下来的几年里，当我们每年在这个大厅里聚在一起时，我们脑海中仍然会回荡他亲切而又热情洋溢的欢迎辞。当我们再次回到我们各自的工作领域中，对他的记忆会成为一种鼓舞人心的力量，陪伴着我们，甚至在我们向年轻人传授经验时，我们会让他们温柔的内心学会欣赏道德之美以及高尚道德的伟大，我们应该向他们复述普鲁恩的生命史，向他们介绍这个宝贵的榜样：他是一个诚实的人，一个慷慨的朋友，一个不知疲倦的慈善家，虔诚的基督教徒，值得信赖的公仆，纯粹的爱国者，有成就的学者，精力充沛的商人——一个好公民。

自从我把我的方案向上一任校长提出以来，可能有8年甚至10年的时间已经过去了，我非常高兴从他那里得到了支持。他建议我把这个方案交给其他校务委员会成员。对我来说，这些能力出众、影响巨大的成员，非常胜任他们的职位，他们是纽约城在州议会中的代表，除了他们，还有谁可以客观地评价这个方案的价值呢？本尼迪克特（Benedict）议员也愉快地表达了他对这个方案的支持，他考虑的是方案本身在理论上的价值。但是，他敏锐地发现，要想在实践中取得成功，有一个很大的障碍，这是我从来没想到的，或者说我从来没想到会有如此严重的一个问题，即如果由委员们来承担考察的责任，他们就必须有能力担任考官，并且必须是终身制的；如果要再聘请考官，就必须向考官支付报酬。而要支付报酬就必须有钱，但除非立法机构提供资金，否则他们不可能有钱，而出于这个目的从立法机构那里申请资金，几乎与想深入人心一样很难取得成效。评议员这个职位能够让他坦诚地说出这个问题，我相信，这份坦诚有点不太情愿，但无论如何，他真的很坦诚，我泄气了。从那时起，直到现在，我从来不敢重提这个话题。但是，这个方案仍然在我的脑海中萦绕，我认为人们应该认识到，它是我们州和我们国家教育制度中的典范之一，我非常希望在将来的某个时间它会变成现实。

为什么不去做呢？要在我们州实施这样一个宏大的方案，可能需要巨额的资金，我们能不能获批更多的资金呢？一个拥有大量物质财富的州，只需要抽出几千、几万美元，就可以极大地增加它的知识财富，而这种财富的价值之大是不可估量的，那么，这样一个州会对支出这么一笔不算大的资金犹豫不决吗？

此外，还有什么额外的支出呢？比如，对它的500万居民来说，每人每年抽取2～5美分的人头税，每年就可能有10万、20万甚至25万美元。这笔钱也可以维持一个教育体系，只要有一个成功的案例，就会让它赢得上百倍的回报。

但是，为什么我们总是要问经济回报呢？就像高利贷一样，那些不情愿的掌权者，向我们拨发少得可怜的资金，却要求我们事先保证，他们花出的每一分钱，都会像高利贷一样地回到他们手里。州的尊严难道一文不值吗？它不需要加入经过文化启蒙的人的行列吗？它的机构不应该与它刚刚夸口的高级文明协调一致吗？我想，当涉及州的特性问题时，我们的人民，甚至是我们的立法机关，不会总是吝啬地像挤牙膏那样拨发教育经费吧？从我站的这个位置向四周看去，能看到这些雕刻华丽的柱子，这些金光闪闪的壁画，这些镀金的装饰物，这些雕刻的字母……看到这些，如果我们对于拨发教育经费那么吝啬，我们难道不会觉得对教育太不公平了吗？我们的州议会和人民，建造了一座如此巨大、辉煌的建筑丰碑，是为了以此为象征来体现它们伟大、富有、不俗的品位，以及经过启蒙洗礼的精神。这样的州议会和人民，不可能意识不到，就其最高贵的意义而言，这些华丽的外表在很大程度上并不有助于达到人们的目的，尽管人们希望通过一起努力建成这座伟大的丰碑来展示人类的尊严和伟大的抱负，而且人们也取得了物质艺术上的巨大成就，我们周围这些打磨得发光的石头，会让它更加耐用，更加美丽和辉煌。但是，人们不可能不知道，它终将沦为废墟。

当然，重要的变革要求许多人齐心协力，即使这些变革简单而迫切，也很难快速地完成。保守主义者产生信念非常缓慢，而不管个体的信念如何强烈，它只能悄悄地渗透到社会大众中去，只能在一个简单的点稳定地进行突破并使之逐渐升温。

对我规划的这个方案，我并不期望它会突然成功，哪怕是普遍而谨慎的支持，几乎都是不可能的。但是，我相信，它是达成真正共识的基础。少数善于思考的人会默默地支持它，而这些人又会把它推荐给更多的人，通过这种缓慢的传播过程，最终它会潜移默化地影响整个公共舆论。在此之后，立法上就不会再有特别的困难了，因为州议会只有在害怕人民时才会拨款。

现在，“建设州立大学”的法案已经通过92年了，正是由于这个法案，我们现在这所大学才能得以持续运行。在该法案通过的这个世纪里，这件有益的工作已经完成了，可能已经有一些恰当的仪式在纪念这件事。非常感谢你们的认真聆听，恐怕我已经有点滥用了你们给我的这个荣誉，对我来说，没有什么比以表达我的热切希望，甚至是信念，来结束这场演讲更合适的了。在纽约州立大学存在的第一个世纪里，很明显，它的权力被严格限制在它的实用性上了，而在这样一个重要的时刻，如果时间不算太早，我们可以宣布，这种限制终于被打破了。自此以后，在它精心的呵护与明智的监督之下，整个州的教育制度将被塑造成这样一种模式，在其中，新生活和新的法律效力会产生非常复杂的影响，但纽约州会对这些影响进行统一规划和统一实践，并且在随后的几个世纪里，这个教育制度，将成为精神文化日益增长与文明日益进步的标志和工具。

四

论大学应该向女性开放[①]

① 这是巴纳德作为哥伦比亚学院的校长，在1882年7月12日向纽约州立大学第20届评议会提交的书面报告。——译者注

大学应该向女性开放吗？大家可能觉得，这个问题的答案不止一个。人们有一种几乎无法抵抗的思维定式，即坚信长期存在的事物一定是合理的。如果我不了解这种思维定式在控制人们观念方面的力量，我就会对这个问题有那么多答案感到非常震惊。学院是什么？人们会专门建立一个机构，只面向某个特定阶层或某个特定性别的群体吗？就社会阶层而言，我们往往会非常自豪，因为我们并没有这样做。实际上，人们往往还会夸耀，我们的学院与大学对处于任何生活条件的男青年都同样欢迎。人们给予它们的最高荣誉就是，即使是那些被迫用自己的双手为一日三餐而劳动的人，也可以享受学院带来的福利。那些求助于我们的教育机构的年轻人，会被一视同仁地承认他们享有同样的特权。人们并不认为，那些上流社会或富有阶层的人，会比其他阶层的人享有什么优先权。事实本应如此。因为，人的能力并不会受到他在人类社会中所处的状况的控制或影响，学院的真正使命就是要培养人的这些能力。正是智力让人类成了有机自然界的佼佼者，让他获得了独一无二的地位，而学院的任务就是开发与培养这些智力。男女两性都拥有这种智力，他们的智力也都应该得到培养，它们同样重要。因此，学院专门设计并提供的各种文化科目，男女两性都同样适合。那么，为什么要把女性排斥在外，不让她们享有这些机构提供的好处呢？

许多有智慧的人已经在寻求这个问题的答案，而他们所找到的原因也各种各样，这些原因在本质上并不相同。真正的原因是，这是我们的先辈们的做法，如果他们没有像榜样那样带头支持某项措施，或者他们的智慧（人们认为的智慧）并不赞成某些做法，那我们是不会冒险去采取这些措施的，因为我们既缺乏勇气，也不够独立去冒这个风险。而人们所找到的大部分原因，都是为了掩盖或回避这个真正的原因。在对这个问题的早期讨论中，人们普遍地支持学院对女性的排斥，但最近，他们的很多理由似乎已经被抛弃了。至少现在我们很少再听到人们提起这些理由。过去常常被提出来的一个理由是："女性的智力天然地不如男性。"从先验的可能性与两性大脑的组织结构的比较来看，这种说法毫无根据，也根本得不到已经观察到的事实的支持。有人主张，就思想的优劣而言，杰出女性的数量在过去要远小于男性；从随后的事实看，直到19世纪，女性在智力方面的增长几乎全面萎缩，甚至低于她们本来能够达到的正常的心智水平。这是因为女性被剥夺了受教育的机会，因此，这种主张也是毫无意义的。当我们举出很多有能力完成伟大事业的女性的例子时，比如，德·斯塔埃尔（De Stael）、萨默维尔（Somerville）、乔治·艾略特（George Elliot）、哈丽特·马蒂诺（Harriet Martineau），他们认为这些女性只是一些例外，这种想法既不公平也不公正。相反，这些女性只是表明了这样一个事实，即没有任何一项压制性的制度能够完全磨灭思想的光芒，她们还表明，在适宜的环境下，现在的星星之火一定会有星燎原之势的一天。

不过，为了进行论证，让我们先假设女性在智力上天然地不如男性。无论如何，我们都无法否认，女性也是有智力的，而这些智力同样应该得到适当的培养。如果过去几个世纪的经验是有价值的，我们的学院提供的各种设施，是最适合去开发成长中的心灵的各种能力的。人们肯定会认为，可以对这些设施进行改造，以适应还比较弱小的男子汉的心灵需要——因为我发现，直到最近，接受9～13岁的男孩进入学院的情况，在美国还是比较普遍的。现在，我们可以假设两性之间在智力上的确是有差异的，但是，没有人会坚持认为，一个十七八岁的年轻女性的智力会低于一个十二三岁的男孩的智力。如果学院所提供的教学可以提高十二三岁男孩的智力，那么，它同样可以提高比他年长几岁的女孩的智力，那我们还有什么正当的理由去剥夺女性得到提高的机会呢？因此，用女性在智力上比较低劣的假设，去支持学院拒绝女性入学的主张，是毫无根据的。当然，事实并非如此，我们这样假设，目的是揭示那些反对者心中更深层次的原因，这个原因可能是他们羞于说出口或不愿意直说的。

学院排斥女性的另一个理由是，女性的身体组织或肌肉力量比较孱弱。因此，大学繁重的学习课程会给女性带来很大的压力，会摧毁她们的体格，损害她们的健康。持这种观点的人依据的是人们看得到的事实，这个事实太过明显，以至于人们没有办法去否认，比如谈到帆船比赛或是年轻男性热衷的所谓“拔河比赛”时，男性赢过女性，这种推论并非不合逻辑。但是，肌肉的力量与大脑的能量无关。我们曾经看到过，世界上有一些思想非常深刻的思想家，体格却是十分瘦弱的。我们经常会听到有人说，过多的工作把一个文人弄得筋疲力尽，但是我们从来没有听说过有什么真实的事例表明，让一个男人崩溃的是他的脑力劳动。每一个男性凭经验都知道这样一个事实，即心灵并不会像身体那样感到疲倦。相反，心灵总是非常活跃的，即使当身体已经疲惫不堪时，心灵也可能处于准备工作的状态。即使是疲惫的身体要求休息时，大脑也可以驱使着身体去努力。的确，大脑是神经系统的主要器官，强烈的情绪会让神经系统不堪重负，但静静地锻炼纯粹理性的官能从来不会把大脑累坏。因此，当一位学者或一位科学家因为这种平衡被打破而被认为是过度劳累时，让他精疲力竭的原因，与让一匹负重过多的马精疲力竭的原因是一样的。而无论是哪一种情况，都不是过度的精神劳动造成的。日常的卫生保健措施对于维持身体的活力是非常必要的，如果哪位学者忽视了这些措施，如果他从早到晚、长年累月地把自己关在一个封闭的、通风不良的书房里，甚至可能还会采用一种容易让人疲劳的姿势；如果他完全忽视了有益于身体的锻炼，习惯于暴饮暴食，那么，他就没有办法避免不良的后果，自然迟早会惩罚那些违背其规律的人。的确，学院中可能有学生会这样伤害自己的身体，但是，并不是所有人都会这样做。我想在这场集会中的每个人，可能都能够回想起若干个例子，学院中有一些规则对于保持身体的健康与心灵的安宁是非常必要的，可就是有一些年轻人不去遵守这些规则，以致因此而中断他们的学业，或是被迫放弃学业。另一方面，你们中的许多人，无疑也会回想起另外一些人，尽管他们的身体非常柔弱，很容易受到周围环境的影响与伤害，但通过谨慎与小心翼翼的自我控制，他们总是能成功地克服学术性课程的所有困难，最终以优异的成绩完成学业。不管是对于学生，还是对于无所事事的懒汉来说，对身体有害的生活习惯，总会带来一些恶果。这条规律放之四海而皆准，与年龄或性别无关。到目前为止，在那些专门对女性进行教育的机构中，她们学习的通常都是一些肤浅的科目或课程，而人们一般认为，尽管学院课程中所教授的科目在教育上更有效，但难度更大。实际上，就对健康的影响而言，在很多情况下，不同科目对身体的损伤是一样的。我相信，没有人能够否认这一点。如果小学生真要学习素描或水彩画，至少是有目的地去学习，而不只是装腔作势的话，他就必须连续很多天，甚至连续几个星期进行大量的练习，这种大量练习对于他们的身体是有害的。而用同样的时间去学习一篇哲学论文，尽管是更耗费精力的思维的活动，却远不会让人的身体疲惫不堪。通常，不管学习刺绣达到多么完美的程度，在随后的生活中，它往往被看作是无用的技能而完全被忽视，它让人把大量的时间耗费在一项纯粹机械的任务上，让人的身体不堪重负，却没有任何教育价值。同样的情况也适用于音乐，它只是被看作一种表演能力，其结果就是人们只是把它作为女性教育的一部分。作为一门科学，音乐无疑是一门已经得到巨大改观，甚至非常令人痴迷的学科。从教育方面来看，与其把这门学科看作一项任务，不如把它看作一种娱乐。但是，音乐也是一门艺术，只有少数人，而且是那些花费了大量时间与精力的少数人，才能够在这项技能上取得巨大的成就。对于大多数人来说，根本就没有办法获得这项技能。然而，到目前为止，它已经成为一个严格体系的一部分，已经习惯于去支配我们所有的女生，而不考虑她们天赋能力的差异。多年的历史经验已经表明，100个人中几乎连1个音乐家都不会产生，这是非常确定的。

那么，要解决我们目前的问题，就要考虑哪些教育性的课程可能最有利于（换句话说，至少不会损害）学习者的健康，我们有权决定普通的学院课程中所规定的那些科目的优先顺序。因为，与流行的“家政学校（Finishing Schools）”中要求年轻女性学习的那些科目相比，学院课程对于体力的要求并不比那些劳动性的琐事高。

人们通常认为，较难的科目对于体力的要求比那些容易的科目高。我并不同意这种看法，但是不管怎样，由此得出的女性不适合学习学院课程的结论，似乎更合理了。姑且假设这个推论是成立的，一门学科难不难，是就其对学生的学习难度而言的，也是由它自身的性质所决定的。的确，要掌握学院课程的概念，分析课程的要素，需要付出很多努力。但是，同样的劳动，对于某个人来说可能很难，而对于另一个人来说却可能很容易，就与人类心力的关系而言，并不存在根据难易程度划分学科的分类法。不管这些学科在具体内容上有多么大的差异，也不管它们看上去是多么深奥或晦涩，对于喜欢它们的人来说，这些学科都很简单；不管这些学科实际上多么简单，对于一个极度讨厌它们的人来说，都是很难的。因此，就学科本身而言，它们并没有绝对的难或易，难易程度只是相对于那些要掌握它们的人而言的。考虑到这一点，在选择那些对个体的心灵进行教育训练的科目方面，我们就可以提出一条很有价值的建议，同样，我们也会从中发现调整学院课程体系的依据。近些年来，许多优秀的学院已经开始提供一种更适合学生个体的兴趣与天性的课程，并且已经开始用这种课程取代过去那种固定的学习课程。因此，一个更喜欢数学的年轻女性，可能会觉得学习几何学或计算各种变量很容易，并因此感到更愉快；但同时又会感到另一门在内容上与之完全不同的学科，比如，修辞学、历史学，甚至是丁尼生（Tennyson，英国著名诗人）的诗很难，这是极有可能的。所以，试图用生理的借口把女性排除在我们的学院之外，并为之进行“合理”的解释是毫无意义的。与男性一样，女性因为过度的脑力劳动而受到伤害的可能性也很小。

最近有位作者说，“在学院的学习科目中，越是抽象与严肃的学科，越是高级的课程，就越容易给女性的健康与活力造成沉重的压力”，让我们姑且承认这一点。但这并不会让我们必然得出下面的结论，即在赋予女性一个能够得到无限开发的大脑时，造物主同时也犯了一个错误，让这种开发与培养变得不可能，并因此导致其设计失败。如果说女性并不需要最大限度地发挥她们的智慧力量，那么，男性也没有必要接受那些所谓的“最抽象与最严肃”的学科教育。如果真是这样的话，那我们的学院提供的教育方案，不就成了一个由诸多错误构成的大错误了？认为女性的智力不需要开发，这完全是为了满足人们对女性接受教育的反对，如果是这样的话，我们就可以重新来讨论，这种反对的理由是一种未经证明的假设，女性应该接受教育，这才是我们的整个主张所依据的假设，哪怕是我们的反对者也无法否认这一点。

是的，女性应该接受教育，每个人都承认这一点，但是，反对者又主张，女性与男性应该接受不同的教育。当然，我们并不是说在每一个方面女性与男性都应该接受同样的教育。比如，女性的确应该了解一些烹饪知识，会使用针线，会做家务，而这些对于男性并不是不可或缺的。[①]但是，这类技能似乎与智力教育并没有太大的关系。毫无疑问，女性应该接受与男性同样的教育，因为女性与男性是平等的，上天赋予她们的智力也是类似的，无论是在类型上还是在发展的可能性上都是如此，接受智力教育同样会增加女性的幸福感，会扩大她们在生活中可以借助的力量。我在前面引用过的那位作者，一方面承认，女性与“那些年轻的男性”一样，另一方面却坚持认为，“考虑到女性大脑及其组成成分的特殊性，以及女性通常适合并且注定从事的事业，因此，除非她们在一些重要的方面有突出的表现，否则女性不能享有与男性同等的教育机会”。在这里，我并不想知道作者所说的“女性大脑的特殊性”是什么意思，但是，我们的学院教育是自由教育，人们在最初设计这种教育时，并没有专门针对男性或女性，也不是为了让某些人更适合“某些领域”，而他用“更适合某些领域”的精神文化来描述我们的学院教育，本身就歪曲了人们设计学院是为了自由教育的初衷。在长达半个多世纪的时间

① 这些对于女性也不是必须学习的，在这里，巴纳德的观点带有那个时代对于男女分工认识的局限性。——编者注

里，人们一直在争论自由教育与实用教育之间的优劣，如果说有哪个学说比其他学说更好地得到了坚持，那就是下面的这个学说，认为“我们的学院不是，也不应该是为了某个特定的人类活动分支做准备的学校”。学院所传递的文化，只是为了让人更加睿智，让人具有更高尚的德行，这是为了让人们准备好进入任何一个他们认为具有成功前景的领域，进入一个他们会完全投身其中、去承担责任并发挥作用的领域。正如我们引用的这位作者刚刚告诉我们的那样，而且我们之前可能偶尔已经听到过这样的言论，女性适合的领域是“成为家庭与社会的女王”。即便真是这样，在任何一所美国学院中，哪怕是在那些新近成立的、得到了大笔捐赠的、专门教育女性的学院中，我们也找不出一个是为了帮助女性准备承担那种需要高度责任感的职责而设置的教席。学院的职责并不是培养“家政女王”，同样，也不是培养律师、医生、建筑师或工程师，学院的工作是要培养更适合做“社会女王”的女性，培养在各种专业工作中更有成就的男性，这也是学院做得比较好的地方。

我刚才已经谈到了，没有一所美国学院会专设一个培养“社会女王”的教席。或许，我应该指出一个例外。我最近正在考察这样一所学院的教员，在教员名单中，我突然发现了一个学术头衔——“教授”，那一刻我不得不停下来思考。最后，我的结论是，这可能只是一个社会荣誉方面的教授。我想，那个机构培养出来的毕业生，获得的应该是“社会女王”的证书，但是，我并不了解其他方面的情况。我所引用的上述言论的作者坚持认为，“女性的受教育机会应该在一些重要的方面与男性有所区别”，即便如此，我想，也不会有人期望为学校中的女性提供这些特殊的机会。正是在妇女保健与家政训练中，女孩们被培养成了“家政女王”，因此，她们也必须从母亲的榜样与社会生活中学会成为“社会女王”。

我现在正好谈到了在过去15～20年间建立起来的专门教育女性的学院，此刻在我面前还有几个这类学院的课程方案。有些人禁止女性去学习某些学科，是因为考虑到了她们的困难，但是，当我把这些女子学院的课程方案与我所在的学院进行比较后，我并没有发现那些人提到的那些观点，我所看到的只是一些细节上的差异。在这里面，我发现了塔西佗（Tacitus）、乔芬纳（Juvenal）、贺拉斯（Horace）、卢克莱修（Lucretius）和普林尼（Pliny）；荷马（Homer）、索福克勒斯（Sophocles）、埃斯库洛斯（Aeschylus）、柏拉图（Plato）、亚里士多德（Aristotle）、德摩斯梯尼（Demosthenes）和修昔底德（Thucydides）；我发现了解析几何、微积分、行列式和四元数；光的波动理论的物理学；热的机械理论的机械学；计算日食的天文学……总之，我发现了所有那些作者认为会“严重损害女性的健康与活力”的科目。现在，在这里，我不得不说，这些学院的建立者根本就不相信“严重损害”这样的说法。并且，从我面前的这些材料中可以进一步地明显看到，普通公众也没有鄙视这样一个主张。因为，这些学院的大厅挤满了人，它们的学生数以百计。在这方面，它们已经超过了极少数只对男性开放的老学院。

因此，以某种方式或其他方式向女性开放自由教育是否有好处，这个问题根本不需要再讨论了；这样一种教育施加给女性的精神训练的课程是否太过沉重，以及让女性面临这样一种危险是否明智，也不需要再讨论了。在经过了长期而激烈的争论之后，应该把这些问题交给公众舆论去裁决，公众做出的决定才是最终的，才是需要重视的。长期以来，男性垄断了自由教育，并将之视为他们的特权，最终，经过了各种各样的理解与讨论，自由教育也被推向了这些专门针对女性的学院。

那么，接下来的问题就是，如果女性已经拥有了她们的学院，为什么还要求男性学院也向她们开放呢？对于这个问题，这里有几个答案。首先，到目前为止，尽管这些已经建立的女子学院质量很高，但它们的数量太少，远不能满足整个国家的需要。那么人们就会问，为什么不能多建造一些呢？答案一定是，学院的建造花费巨大，虽然女子学院数量很少，但男子学院早就已经有了，而且有几百所，远远超出了实际的需求，不管怎样，它们并没有像人们想象的那样好。学院数量的过度增长，毫无疑问是一个非常大的问题，它已经危及了这片大陆上所谓的自由教育的质量。我在其他地方已经反复地表明了，来自劳动力方面的统计数据显示，在过去的大半个世纪里，美国学院的数量增长了两倍多，与那些追求古老而受欢迎的课程，并最终取得文学学士学位的学生数量增长得一样快，因此，每所学院中申请文学学士学位的候选人的平均数就相应地减少了。其结果就是，通常，这些学院不仅在人数上比较少，而且在经济上也同样脆弱。一所在资金上比较匮乏的学院，在教育质量上也几乎不可避免地比较差。在这样一个集会上，我想这一点无须多谈。在我们国家，即使是那些声誉良好、捐赠充足的学院，也经常深受财力不足的困扰，而那些努力为更高级的文学或科学分支提供充足教学资源的学院，对这一点的感受会更深。如果真是这样，即使采取最严格的经济措施，那些资源仅能满足自身需要的学院，也只能年复一年地把自己的运行维持在适度的规模上。

目前，至少在很长的一段时间里，我们根本不需要更多的学院了，不管是男子学院还是女子学院。如果我们当中的很多有钱人打算从他们的巨额财富中捐出一部分，并希望以此来推动高等教育的发展，那就请他们不要再这样做了，不要认为通过增加一所所的学院就可以实现这个目标。现在，美国学院的数量已经够多的了，不需要再多此一举，但可以请他们把这种慷慨用在提升现有的一些学院上。在选择捐赠对象时，应该让他们去提升那些已经非常强大的学院的教学效率，而不是让那些面临关闭的学院继续维持下去。

因此，我们要求现有的学院向女性开放，不仅是因为它们存在着，还拥有我们渴望进行这项工作的资源，更是因为，就自由的最大意义而言，接受教育的权利既属于男性也属于女性。

我们在这里所提出的要求，无论在思想上还是在实践中都不新鲜。在几百所美国学院中，已经有一半以上的学院向女性开放了。从冒险开创这样一项试验的管理者们那里，我们听到的是他们对其结果非常满意。的确，这些规模更大的学院，建立的时间相对都比较晚，而且大部分都处于新加入的中部或西部的那些州。但是，也有一些特别值得注意的例外。我们纽约州就有两所这样的学院，即康奈尔大学（Cornell University）和雪城大学（Syracuse University）。新英格兰地区也有两所，即位于米德尔敦（Middletown）的卫斯理安大学，以及位于马萨诸塞州首府的波士顿大学（Boston University）。

在国外，人们对这个话题的认识日益进步，有关的共识日渐形成，甚至比我们自己的进步与普及还更加显著。在过去的两年里，英国的剑桥大学文学学士的荣誉学位考试（the tripos examinations）已经开始同时向女性与男性开放；更早的时候，所有大学教授的讲座，大约有30多门，已经向女性开放了；有4个学院已经允许女性加入它们的班级。达勒姆大学（Durham University）也已经向女性开放；作为非教学实体的伦敦大学，也允许女性参加它们的普通考试，并且授予她们文学学士学位。伦敦的大学，招收女生的时间也已经很长了，在大约1500名学术性学生的注册名单中，有三分之一是女性。维克多·伊曼纽尔国王（King Victor Emmanuel）在1876年发布了一道敕令，要求意大利王国的所有大学，都要同时向女性与男性开放。我听说俄国大学的情况也是这样，但是对于这一点，我的消息并不一定确切。不管怎样，这里列举的这些事实，已经足以证明下面的判断，这个重要的话题已经成了一种世界性的潮流，不仅如此，它也已经成了一个世界性的行动。它会按照自己完整的轨迹去发展，认为可以阻止这样一场运动的想法是非常愚蠢的。在过去的几个世纪里，人类创造出了良好的教育设施与巨大的知识宝库，除非全世界所有人，不分年龄、性别、种族或社会地位，都能够同样享受到所有这些教育设施与知识宝库，这个过程才会完成。我们这一代人可能看不到这一天的到来了，但既然我们对这一天如此期待，我们就有必要去贡献我们的力量，推动这一天早日到来。即使个人的努力微不足道，不足以影响整体的进程，我们也渴望去做些什么。

历史专业的学生，不管是政治史还是社会史，对于心理现象本身及其内在的倾向都很感兴趣。与天命的各种迹象进行抗争的人，会自命不凡地认为，他可以成功地抵制那些无法避免的结果。如果我们看到某种趋势正在兴起，同时就一定会看到一批试图阻止它的人。不过，这种趋势一直在稳步发展，而那些试图阻止它的人一定会徒劳无功，除非他们能够迅速地逃离，否则，他们一定会被这股洪流吞噬。我们美国所有的学院，迟早都会向女性开放，在我看来，这件事就像太阳明天一定会照常升起一样确定无疑。当然，现在的这些反对并不纯粹是偏见的结果，大学向女性开放得比较谨慎，因为除了它旨在传递的教育上的好处之外，已经提出的各种举措的后果，可能会在社会性方面产生一些人们不愿意看到的结果。通常，美国学院可以接受的学生年龄是17～21岁，班级规模是50～200人，大学生在4年间每天有3个小时是在学院的教室或教室周边度过的，而女性是否会给这些大学生的学院学习与日常生活增加一抹精致与优雅的色彩呢？我已经多次引用其观点的这位作者就提出了这样的疑问，我想他最能够体会这里的意思了。当然，作者在设计这个问题时，希望人们的答案是否定的，而他自己也的确是这样回答的。但是，这个问题涉及了许多无法证实的假设，因此，很可能人们很快就会谴责它是完全不公正的。女性与男性每天有三四个小时同时坐在一个教室里，那么他们在那段时间里的社会交往就是混在一块儿，这种说法毫无道理，也根本不是事实。作为另一个州的一所学院的行政领导，我教过女生班，一个班有50～100人，她们与常规的男生班成员一起每天都来上我的课，但他们之间除了礼貌性地鞠躬之外，根本就没有任何交流。按照这样的逻辑，年轻女性也不能到教会去，因为那里有年轻的男性，同样的建议甚至也适合观看剧场的歌剧演出。至于“在教室或教室周边”的时间之外的交往，很明显，作者并不知道他所谓的“日常生活”是什么。很显然，他想象的是，在那些同时接受男性与女性的学院里，年轻男性与年轻女性的交往自由，与年轻男性之间的交往自由是一样的。换句话说，年轻男性与年轻女性不仅是同学，也是密友。现在，每一个对这些学院多少有些了解的人都知道，这种事情根本就不存在。“在教室或教室周边”，这两群学生之间的交往与熟悉程度，与同时在教堂里和教堂周围的同一个团体中的交往与熟悉程度一样，甚至根本比不上后者。另一方面，在学院的一些班级日和其他的社会接待日里，有一些父母和朋友又允许年轻的女士们自由参加，对她们的交往根本没有丝毫的限制。她们可以在宽敞的学院大厅与学院操场上，享受音乐、舞蹈与独自的漫步，一直持续到深夜。即使承认这种解释，也有明显的矛盾。在把他们的女儿送到学院接受教育时，父母们就非常明白，她们可能会认识一些年轻男子，而这些人在社会地位上可能不如他们，或者不属于他们拜访名单上的家族，因此也不是他们在社会上愿意去认识的年轻男子。但是，在允许女孩们参加的学院聚会上，父母们会让他们认识并且欣赏的年轻男子陪着自己的女儿，似乎这样一来她们就不会再遇到其他人了，或者至少不会遇到一些仅仅接触片刻就会伤害到她们的人了。至于这种心思是否合理，并不是我们要去了解的。

事实上，在学院里，如果管理得当，年轻男性与年轻女性之间根本不需要什么社会交往，也根本不会出现这种社会交往。一些中等学校（schools of inferior grade）的经验已经充分表明了这一点。在纽约州的几百所学园里，在这所大学的校务委员会的指导下，大部分学园都同时接收男生与女生。这些机构的课程大纲，几乎包括了我们的学院所教授的每一门科目，而它们大部分学生的平均年龄，与我们的大学生的平均年龄差不多。尽管人们已经无法考证这些学园从何时开始采用这种教育制度，但我们从来没有听说过，由于在班级内外的性别混合，导致了什么伤害性的后果。拿我自己来说，在我的青少年时代，我也曾是马萨诸塞州一所学园的学生。在当时，在同一所学园里，不仅有少年阶段的男孩与女孩，而且还有成年的男性与女性。在学校里，尽管所有小学生都集中在同一所教室里，但他们之间根本就没有相互交流的可能性。在课堂之外的时间里，男孩聚在一起进行他们喜爱的运动，来去都是他们自己，而女孩们也一样。在这样两个班级之间，实际上也根本没有任何交往——甚至都不会像去教堂那样偶尔还有一些交往。

毫无疑问，这是对于有害性接触（contaminating contact）的理解——这里的有害性只是社会意义上的——正是这种理解激发了人们对于把受教育权开放给女性的强烈反对。其中有一些人反对的是具体的措施，比如我所提及的这位作者，明确地主张保留“女性的优雅与精致”。在纽约的那些受过良好教育的女士中，有一位最近在评论我对于这个问题的主张时说，“我宁愿让桃子尽可能长久地保持水灵”。我的确有这样的意愿，我想任何一个尊重并敬佩女性的人都会有这样的意愿，大家都渴望看到女性总是非常值得尊重和敬佩的。任何可能会让这个桃子的精致程度受到一点影响的措施，我都不赞成；但是，我认为桃子的价值不仅仅存在于它的外表上。因此，单纯地把女性作为精致社会的一种装饰与点缀，反而可能损害女性的这种优雅，这是我非常警惕的事。同时，女性也有推动思想界进步的使命，她们也能够成为思想界的一抹亮色，并因此带来一种充满活力、鼓舞人心的精神，我希望对女性的教育能够达到这样的程度。

关于这个话题，除了上面所谈的内容之外，我还有一个（而且也只有一个）额外的观察。我的确在敦促学院管理者施展他们的智慧，承担他们的责任，采取一些措施，面向所有渴望追求知识的人打开大门，而不考虑其种族、性别和社会地位。但是，我希望大家不要误解，我并不是建议说，要使用一些强制性的手段，去强迫年轻的女性使用那些提供给她们的权利。如果哪位年轻女性并不喜欢学院愿意提供的教育，我想说，无论如何都不要强迫她去接受这种教育，不要粗暴地干涉她进行选择的自由。我的请求是为那些非常渴望拥有这些权利的人提出的。我的请求是，当她们谦卑地请求大家允许她们享有这些权利时，她们不应该被粗暴地拒之门外。在我看来，当我在讨论这个话题时，这项措施的反对者们似乎认为这是一个私人问题。比如，似乎我在要求他们把他们自己的女儿或姐妹送到某所学院一样。他们都误解了我。我的请求是非常温和的，并且根据我自己的判断，这个请求也是完全合理的。即使他们不愿意自己或他们的亲戚享有这些好处，他们也不应该妨碍那些渴望享有这些好处的人。我始终都没有办法理解的是：那些根本不愿意他们的女性朋友接受教育的人，为什么认为自己应该在学院里接受教育，他们并不满足于把自家的成员局限在家里；为什么他们可以按照自己的意愿让他们关心的年轻女性远离学院；而且为什么在这件事上他们还要求学院帮助他们，要求学院把所有其他女性也同样拒之门外。

偶尔，会有人假装是在常规性地谈论性别问题，然后告诉我说，女性自己并不想要这种权利，即使有了这项权利，她们也不会接受的。我反复提及的这位作者说得更离谱，他说，在哈佛附属的女子学院里，“无论是女性个体还是群体都反对男女同校教育，而且这种反对与男学生的反对一样强烈”。即使事情真是这样，开展这项尝试无疑也不会伤害任何人。除非因为各种各样的学生突然介入，会带来一种不同寻常的秩序而干扰了学院内部的平静，哪怕是最保守的学院也不会感觉到任何伤害。不管怎样，其他地方的经验已经让我们相信，这些说法都是假的。不过，关于这些言论真假的争论并不是最重要的。就某一所特定学院的情况而言，它是有权赋予女性享有教育的福利的，如果它十分确定，在未来的10年内，没有哪个年轻女性愿意来申请享有这种权益，那么，这所学院是否就应该坚持在它的章程书中规定，不允许年轻的女性享有这些权益，以防止在未来很长的一段时期里会有人来申请享有它呢？换句话说，问题并不是女性现在的需求是什么（尽管这种需求的呼声很大），而是学院对于这个话题应该采取怎样的态度，这种态度与需求无关。

在我上面所引用的句子中，有一个我不愿悄悄带过的词，那就是“男女同校教育”。我不知道是谁发明了这个词，我认为，这是一个非常让人讨厌的词，发明它的人对于我们所提倡的这项事业一定充满了偏见，它把男女两性学生同时出现在一个教育机构中变成了我们的主要目标，而实际上这个结果完全是附带的，它并不重要。我们可以用同样的方式把“男女同校教育”这个词用于星期日学校（Sunday-schools）的教学，因为在那里，男孩与女孩是坐在一起学习的；我们也可以把教会看作共同教育的机构。当我要求我们的学院接纳女性入学时，我们为她们争取的是接受教育的权利，而不是与男性一起接受教育的权利。接受我的呼吁可能会产生这样一种事实上的结果与关联，而且看起来这种结果似乎是不可避免的，但是，我并不认为它是一项权利，或者说，我不会主动地去推动或阻止它。让那些选择这个词的人继续使用它吧。我从来不用这个词，我将来也不会用。在这场斗争中，它并不能够表达我内心真正的意思；而它所表达的内容，是我根本不关心的。

我刚刚已经说了，人群中对于这个做法的呼声是很高的。我要强调的是，这种呼声不仅很高，而且每天都在变高。各种证据不断从四面八方向我涌来。当我在写作时，我收到了密西西比大学一位董事会成员的来信，我曾经有幸担任过这所学院的校长，他告诉我说，“董事会刚刚采纳了接受女生入学的提议，入学条件基本与男生相同，现在，它已经成了本校的一项制度”。作者还进一步向我表达了他的敬意，“这一结果，在很大程度上要归功于您的报告”。在这里，值得一提的是，到目前为止，我所了解的情况是，当西部与西北部的很多学院都在向女性开放时，那些保守的南方学院还无动于衷，而密西西比大学采取的这种自由的教育政策开辟了这条道路。这是一个先例，在未来的几个世纪里，所有人，所有与该学院有关的人，都会骄傲于这个时代的终结，我自己也非常自豪，这是由一所我始终认可的学院来完成的，我渴望终身与它联系在一起。

这封信让我确信，人们在这个问题上的观念有了很大的进步，因此，我们就有证据表明，在大多数偏远的州中，已经有一个州，与全国其他地方在做同样的事情；而在纽约城里，在这个集聚了文化、艺术与财富的大都市里，这种观念的进步比其他地方都更快一些。在过去的6～8个月里，在我们较大的人口中心，这场运动所聚集起来的力量，是非常令人震惊的，哪怕是那些最积极地投身于推进这项运动的人，对此也感到非常震惊。如果说我们整个社会的大众还没有很好地参与这项运动，至少他们已经受到了这个城市最杰出的一些公共舆论领导者的影响，而这些领导者强有力的影响会让这项事业本身日益地广泛、深入，因此，公众很快就会行动起来。目前已经成立了一个由几百位女士与绅士组成的协会，他们代表了这个大都市中那些受过最好教育的文化人与最好的社会活动家，人们联合起来就是为了组织并且集中力量去追求这一目标的实现。这个协会见证了去年4月在纽约举行的一场公共集会，那次集会吸引了大量对这个问题感兴趣的公众，一些擅长领导公益事业取得成功的绅士，对公众进行了许多富有感染力和说服力的演说。每一天，这个组织的力量都在增强，每一天，它都在加深并拓展它留给公众的印象。除非它能够完全实现自己的目标，否则这类运动在现阶段是无法被压制的，认为它不能够继续推进下去，是对所有历史教训的蔑视。

人们常说，“革命没有回头路”，这句话用到观念革命上，无疑是最正确的。通过暴力实现的政治革命，有时候看起来似乎是在退步。17世纪彻底摧毁大英帝国的风暴过后，随之而来的是查理二世的复辟。在18世纪末统治法国的红色恐怖的骚乱过后，是以帝国形式重新建立起来的专制主义。一方面，这些表面上相似的倒退，根本无力去阻止它们试图压制的永恒的自由精神的增长，反而是把所有的力量都紧锁在它的锁链之下，最终在1688年的“光荣革命”中，这些力量挣断了锁链；另一方面，就是我们这个时代里法兰西共和国的复兴。观念的革命总是走得很远，对于我们今天特别关注的这个话题，我们已经看到，这样一场革命已经在我们眼前持续了几年的时间了，这是一场真正的革命。过去的每一天都让这一点表现得越来越明显。在过去的每一天，越来越多的男人与女人不断地加入进来，他们要求人们尊重他们的意见。他们在任何事业上取得的成功，通常都会被看作对胜利的预示，他们公开地表达他们自己对这项工作的倡导，并且积极地努力去推动它的进步。所有这一切的终结，并不只是一种可能，而是确定无疑的。迟早有一天，整个社会将会发出同一个声音，要求我们最高学习机构的管理者不再把一半的人口挡在大门之外。倡导男女同校者们的努力是值得肯定的，这种努力应该立即取得成效，或请至少不要让现有的胜利蒙上阴影，更不要让这种慷慨而富有启蒙意义的自由措施遭受挫折。可能有一些暂时恰好手握权力的人会轻蔑地拒绝他们，会妨碍他们达成目标，但请不要让他们丧失勇气。用打击手段去熄灭或压抑他们的热情，这是我们不允许的；相反，要请他们继续耐心地坚持自己的信念，用确定的信念激发并鼓舞他们的心灵，要相信，在不久的将来，只把受教育的权利赋予一个性别而禁止另一个性别的人享有，终将成为历史。就像在我们的共和国建立一个世纪以后，奴隶制的诅咒依然是它的一个污点一样。

图书在版编目（CIP）数据

巴纳德论教育 /（美）弗里德里克·奥古斯都·波特·巴纳德著 ；于书娟译. -- 杭州 ：浙江教育出版社，2019.12
（新汉译世界高等教育名著丛书. 第一辑）
ISBN 978-7-5536-9885-4

Ⅰ. ①巴… Ⅱ. ①弗… ②于… Ⅲ. ①高等教育－教育研究－美国 Ⅳ. ①G649.712

中国版本图书馆CIP数据核字(2020)第015410号

责任编辑 李 剑　　美术编辑 韩 波
责任校对 刘晋苏 陈阿倩　　责任印务 陈 沁

新汉译世界高等教育名著丛书(第一辑)
XIN HANYI SHIJIE GAODENG JIAOYU MINGZHU CONGSHU
巴纳德论教育
BANADE LUN JIAOYU
[美]弗里德里克·奥古斯都·波特·巴纳德 著
于书娟 译 刘幸 校

出版发行 浙江教育出版社
(杭州市天目山路40号 电话:0571-85170300-80928)
图文制作 杭州兴邦电子印务有限公司
印　　刷 浙江新华数码印务有限公司
开　　本 710 mm × 1000 mm 1/16
印　　张 14.5
插　　页 2
字　　数 195 000
版　　次 2019年12月第1版
印　　次 2019年12月第1次印刷
标准书号 ISBN 978-7-5536-9885-4
定　　价 38.00元